Susanne Diestelmann | Klaus Thomas

Braunschweiger Land

Heinrich ist überall!

Geschichten & Anekdoten

Quellen- und Literaturnachweis

Susanne Diestelmann/Dr. Klaus Thomas: Titelbild Portallöwe am Kaiserdom in Königslutter am Elm, S. 78; Dr. Klaus Thomas: S. 12, 29, 32, 36, 39, 42, 52, 55, 59, 62, 71; Mattes https://commons.wikimedia.org/ wiki/File:Botanischer_Garten_BS.Seerosen.jpg?uselang=de#/media/ File:Botanischer_Garten_BS.Seerosen.jpg: S. 14; Lothar Spurzem, https://commons.wikimedia.org/wiki/ File:VW_1300,_Modell_1966,_im_Harz_1973.jpg: S. 18; Samtgemeinde Velpke: S. 24; Staatliches Naturhistorisches Museum Braunschweig, Georg Linhardt: S. 45, 47; Friedemann Schwarz: S. 49; Joachim Heindorf: S. 64; Klaus Hermsdorf: S. 68; Susanne Diestelmann: S. 75

Danksagung

Bedanken möchten wir uns bei den Bildgebern Joachim Heindorf, Klaus Hermsdorf, Mattes, Friedemann Schwarz, Lothar Spurzem, Samtgemeinde Velpke und Staatliches Naturhistorisches Museum Braunschweig; außerdem bei Peter Banas, Kirsten Cecchini, Marco Diederichs, Heike Hinte, Käthe Kurrek †, Werner Scholz, Bernd Schroeter, Sieglinde Wegener, Uwe Wehke und Norbert Windhorst und die unbekannte Dame im Gärtnereimuseum in Wolfenbüttel für die Erzählungen.

1. Auflage 2018
Alle Rechte vorbehalten, auch die des auszugsweisen
Nachdrucks und der fotomechanischen Wiedergabe.
Layout: Da Forma Agentur für Gestaltung, Gudensberg
Satz: Christiane Zay, Potsdam
Druck: Druckerei Zimmermann Druck + Verlag GmbH, Balve
Buchbinderische Verarbeitung: Buchbinderei S. R. Büge, Celle
© Wartberg-Verlag GmbH
D-34281 Gudensberg-Gleichen, Im Wiesental 1
Telefon: +49-(0) 56 03 - 9 30 50
www.wartberg-verlag.de
ISBN 978-3-8313-2978-6

Inhalt

Vorwort	4
Auf das Dach gestiegen	6
Blubber und Co.	7
Spielplatz Botanischer Garten	11
Ein echtes Original – Ein Bauer in Thune	16
Der erste Urlaub im Harz	17
Der Heirat Kind: ein Standesamt	23
Die Russen kommen!	27
Eigennutz vor Gemeinnutz	31
Eine außergewöhnliche Fußgängerunterführung	34
Lederhosen und das Wunder von Bern	35
Heinrich ist überall!	41
Und samstags ins Museum	44
Halt! Hier Zonengrenze	47
Hexengeld und Teufelsküche	50
Kleiner Grenzverkehr in Helmstedt-Marienborn	57
Kulturschock in Braunschweig	61
Das Ende der Straßenbahnlinie A	65
Als Gorbatschow die Windmühlen in Gifhorn besuchte	69
Wartburg mit Telegrammantrieb	73
Braunschweiger Löwe bleibt Braunschweiger Löwe	77

Vorwort

Das Braunschweiger Land, beziehungsweise vor 1918 das Braunschweiger Herzogtum, ist nicht groß, aber es war in der Geschichte des Mittelalters und der Frühen Neuzeit von hoher Bedeutung. Es blickt auf eine 1000-jährige Kulturgeschichte mit Kaiserpfalzen, Klöstern, Stiftskirchen, Burgen und Schlössern zurück.

Die Großstadt Braunschweig ist durch Handel, Industrie, Wissenschaft und Verwaltung geprägt. Das Braunschweiger Land entwickelte sich in der neueren Geschichte aus einer eher ländlich geprägten Mischung aus Bauerndörfern und kleinen, gemütlichen Fachwerkstädtchen in eine Industrieregion mit Erzabbau, Stahlwerk und Autofabriken, deren Expansion durch Kriegsende und Teilung Deutschlands zunächst ausgebremst wurde. Die 40 Jahre der deutschen Teilung – in dieser Zeit sind die Geschichten dieses Bandes angesiedelt – gingen jedoch nicht spurlos an der Region vorbei. Dennoch entwickelte sich im Schatten der innerdeutschen Grenze manches, was dem ortsfremden Leser bekannt sein dürfte:

So fällt der Name Braunschweig zweimal im Jahr in den Nachrichten, wenn es um die Zeitumstellung geht, die genaue, allgemeinverbindliche Uhrzeit von der Atomuhr der Physikalisch-Technischen Bundesanstalt in Braunschweig. Berichten die Nachrichten über einen Flugzeugabsturz, hören Sie den Namen der Stadt erneut, denn der Sitz des Luftfahrtbundesamtes befindet sich ebenfalls dort. Das einzige Haus, das der Künstler James Rizzi entworfen hat, steht in unmittelbarer Nachbarschaft zum wiederaufgebauten Residenzschloss.

Bei einem Besuch der Stadt sollten Sie es nicht verpassen, das Herzog-Anton-Ulrich-Museum, eines der wichtigsten Museen alter Kunst der Bundesrepublik Deutschlands zu besuchen. Der Zwilling dieser Kunstsammlung ist das Naturhistorische Museum. Vor allem regimekritischen Bürgern der Neuen Bundesländer wird die Zentrale Beweismittel- und Dokumentationsstelle der Landesjustizverwaltungen in Salzgitter Bad, die Unrecht der staatlichen Organe der Deutschen Demokratischen Republik erfasste, bekannt sein. Der wichtigste Transit nach West-Berlin erfolgte über Helmstedt-Marienborn. Dort befindet sich heute die Gedenkstätte Deutsche Teilung Marienborn.

Eine Tausendjährige Linde und ein Kaiser-Dom in Königslutter zeugen von der älteren bedeutsamen Geschichte des Landes, die ganz alte Geschichte findet sich mit den ältesten Jagdspeeren der Menschheit, etwa 270.000 Jahre alt, in Schöningen. Mit einigen von der UNESCO ausgezeichneten Einrichtungen wird ein Ausflug durch die gesamte Region abgerundet: Der Global Geopark Harz-Braunschweiger Land-Ostfalen, das Erzbergwerk Rammelsberg, das Harzer Wasserregal mit dem Kloster Walkenried und die Grube Samson.

Begegnen Sie irgendwo auf der Welt einem LKW mit einem Löwen als Teil des Markenzeichens: es ist der stilisierte Braunschweiger Löwe des Welfen-Herzogs Heinrich der Löwe. Es ist die älteste erhaltene Großplastik des Mittelalters nördlich der Alpen und erster größerer figürlicher Hohlguss seit der Antike.

Jenseits dieser Hochkultur beschreiben unsere Geschichten das Leben und die Erlebnisse der Menschen dieser Region in einer Zeit, in der neue Strukturen durch Zuzug von Flüchtlingen aus den ehemals deutschen Ostgebieten, Gastarbeitern, Wissenschaftlern aus aller Welt entstanden. So gibt es Geschichten aus Kultkneipe, Flüchtlingslager, Landwirtschaft, über eine Straßenlinie, von der innerdeutschen Grenze und vieles mehr.

Susanne Distelmann und Dr. Klaus Thomas

Auf das Dach gestiegen

Ab Mitte der 80er-Jahre wurde die Fassade der St. Katharinenkirche in Braunschweig verputzt und in gelblichen und rötlichen Farben gestrichen. Nachdem sie ursprünglich im Mittelalter schon einmal verputzt und gestrichen worden war, war blätterte der Putz und mit ihm die Farbe im Laufe der Jahrhunderte langsam ab, bis der Eindruck eines buntscheckigen Natursteinmauerwerkes entstand.

Um den Putz und die Farbe aufzubringen, wurden Arbeitsgerüste aufgestellt. Und nun zeigte sich, dass die fernen Ahnen des Menschen Baumbewohner und allgemein Kletterer waren. Für solche sind in die Leitergänge hochgezogene oder -geklappte Leitern kein Hindernis. Ein Klimmzug, dann ein Schwung, und die beiden Jungs, die sich die Besteigung des Schiffdaches der St. Katharinenkirche vorgenommen hatten, erreichten den Gerüstboden der ersten Ebene des Gerüstes. Der Rest war schnell zurückgelegt und das Dach bestiegen. Besonders reizvoll war es, über die Firste der Gewölbedächer zu klettern, um sich in die Kehle rutschen zu lassen und auf der anderen Seite den nächsten First zu übersteigen. Ganz Mutige versuchten die Speier der Seitenschiffe zu berühren. Bevor die Jungen abstiegen, genossen sie den Blick über den Hagenmarkt und die Stadt.

Ein solches Treiben blieb natürlich nur wenige Male unbemerkt. Als sich die Jungs nach einer ihrer Besteigungen vom Gerüst herunterließen, wurden sie bereits von dem Beamten einer Polizeistreife erwartet und in Empfang genommen.

Kurze Zeit später klingelte bei zwei Familien das Telefon. Die Eltern der Jungs wurde gebeten, ihre Sprösslinge vom Polizeirevier in der Münzstraße abzuholen. Als die Eltern eintrafen, mussten sie sich einige spöttische Bemerkungen anhören. Denn der Arbeitsplatz des Vaters des einen Jungen war im Gebäude Am Wendentor 7, dem Amtsgericht, der der Mutter im Gebäude gegenüber der Polizei, dem Landgericht. Beide waren Richter und in der Vergangenheit häufig in Strafsachen tätig.

Blubber und Co.

Roxy, Jazz Gallery, Blubber, Scotch Club, Action, Palette – bei diesen Namen leuchten unsere Augen auf, die wir in den 60er- und 70er-Jahren in Salzgitter aufgewachsen sind. Und wir – Heike, Gudrun, Bernd, Michael, Holger, Marita, Jutta, Matthias, Andreas usw. – könnten noch so viele mehr nennen.

Salzgitter-Lebenstedt war in Abschnitte aufgeteilt. Die Kampestraße lag in Abschnitt I, wohnte man in der Salderschen Straße, lebte man im Abschnitt II und so ging es weiter bis Abschnitt IX. Diese einzigartige Aufteilung haben wir der Siedlungspolitik des Dritten Reiches zu verdanken. In den Jahren 1939–1945 wurden über 5000 Wohnungseinheiten rund um das kleine Dörfchen Lebenstedt in den Abschnitten I–VI erbaut. Nach dem Krieg ging es mit dem Ausbau ab 1954 weiter.

Diese Abschnitte waren das Pflaster, auf dem die zweite Generation der aus allen Teilen Deutschlands und darüber hinaus hierhergezogenen Menschen aufwuchs. Zunächst kamen die Familien wegen der Arbeit in den Bergwerken und dem Stahlwerk. Später waren es die Flüchtlinge, vor allem aus den Ostgebieten des ehemaligen Deutschen Reiches. Es folgten die Spätaussiedler aus der Sowjetunion und schließlich begann der Zuzug der Gastarbeiter, vor allem aus der Türkei.

Unsere Generation hat diese Mischung geprägt: der eine hat familiäre Wurzeln in den Ostgebieten, der andere in Lothringen, im Ruhrpott oder in den Dörfern rund um die „Hütte". Uns verbindet, dass wir Väter und Mütter hatten, die zum größten Teil von Entbehrungen durch Krieg, Flucht oder Vertreibung geprägt waren und sich in Salzgitter ein neues Leben aufbauten.

Natürlich hatte der Aufbruch der 1968er Auswirkungen auf unser Leben. Wir demonstrierten mit Hingabe gegen den Preisterror des städtischen Busunternehmens KVG oder gegen eine schlechte Bildungspolitik. Trotzdem ließen wir uns auch von den Autoritäten wie Vätern beeinflussen, wenn es z. B. um unsere berufliche Zukunft ging. Ein Realschüler, der das Kurzschuljahr 1967 erlebt hatte, war erst 15 Jahre alt, wenn er seinen Schulabschluss in der Tasche hatte. Der autoritär vernünftige Ton des Vaters und des Beraters vom Arbeitsamt legte einem einen Ausbildungsberuf in der „Hütte" nahe. Der Traum von einem Studium rückte in weite Ferne und wer ihn laut äußerte, musste mit einem amüsierten Lachen der Erwachsenen rechnen.

Die vielen Kneipen, Tanzlokale und Cafés in Lebenstedt waren die Treffpunkte für uns Jugendliche aus Lebenstedt und den zahlreichen umliegenden Dörfern. In diese Lokalitäten hatte die Moderne Einzug gehalten und sie wurden für uns das „Tor zur Welt", hinaus aus der Kindheit und dem Autoritätsbereich unserer Eltern.

Einen besonderen Stellenwert für viele von uns hatte die Hardrock-Diskothek „Blubber", die 1969 eröffnet wurde. Für die meisten Eltern war der Name ein rotes Tuch und vielleicht wurden wir nicht zuletzt deshalb von dieser Disco magisch angezogen. Im Blubber wurde Musik gespielt, die es sonst nirgendwo in der Nähe gab. Von den Großen: Led Zeppelin, Jethro Tull, Steely Dan, Jimi Hendrix, Janis Joplin, den Stones, den Doors, King Crimson, Colosseum.

Donnerstags gab es live Rock- und Blues-Events mit lokalen und überregionalen und ausländischen Bands, wie dem Heidelberger Rock-Kollektiv Embryo oder gar Alexis Corner, Desmond Decker und Mungo Jerry. Hier profitierte Salzgitter von seiner besonderen Lage. Auf dem Weg zu den Wochenendauftritten in Berlin nahmen die Künstler gerne einen Wochentermin an.

Doch natürlich brauchte es die Idee und einen Initiator. Eher zufällig kam der gelernte Industriekaufmann und Hobby-Rockmusiker Norbert Windhorst im Rahmen eines Nebenjobs, mit dem er sein weiteres Studium finanzierte, an den Ort, der zum Blubber wurde. Eigentlich suchte er nur einen Vorführraum für seine Beleuchtungsinstallationen, mit denen er als Vertreter herumreiste. Was er fand, war die traditionsreiche Dorfkneipe im Alten Dorf Lebenstedt, die eine laufende Konzession hatte, und Norbert Windhorst beschloss kurzerhand, daraus eine Musikkneipe zu machen. Mit geliehenen 2000 Mark fuhr er zum Baumarkt und besorgte sich Bretter für Tische und Bänke. Aus Ytong-Steinen, die er sich aus dem Stahlwerk mitnehmen durfte, baute er eine Art Tribüne. Diese wurde ab und zu auch mal mit spontanen Spaßideen bestückt, wie zum Beispiel einem Skelett. Der Installation gab man im aufrührerischen Protest der Zeit den Namen „Tod eines Spießers". Das Blubber erhielt seinen Namen, weil Norberts Bruder ein Lichtspiel mit Blubberblasen entworfen hatte, die mit Diaprojektoren an die Wand projiziert, psychedelisch ineinanderliefen.

In dieses erste oder alte Blubber passten nur 50–80 Personen, doch von Anfang an drängten sich bis zu 100 Menschen auf engstem Platz zusammen. Die erste Einrichtung ging gleich bei der Eröffnung in Trümmer. Nur eine magere Zeile in der Rubrik „Veranstaltungen" hatte mit dem minimalistischen Satz „Blubber heute 19.00 Uhr" auf die Eröffnung hingewiesen, doch die Straße im Alten Dorf war schwarz von Menschen, als es losging.

Windhorst, der meistens mit seinem zweiten Vornamen Willi angesprochen wurde, begann in den 70er-Jahren selbst wieder aktiv Musik zu machen – er hatte in den 60er-Jahren unter anderem bei der in Salzgitter populären Band THE SHARKS gespielt – und gründete mit Musikerfreunden die Booze Band, die in der Scheune neben dem Blubber probte und auf Partys und Jam-Sessions im Blubber auftrat.

Entgegen der Meinung der schlecht Informierten gab es im Blubber keine Drogen. Darauf achtete Willi Windhorst sehr. Erwischte er im Hof jemanden, der etwas verkaufen wollte, so wurde dieser vertrieben. Für viele von uns spielten die Drogen sowieso keine große Rolle, manche probierten sie aus und kehrten wegen des seltsamen Kontrollverlustes lieber zum Altbekannten, dem Alkohol, zurück. Manche mochten nicht einmal den und waren froh, dass der Preis für die nichtalkoholischen Getränke im Blubber unverrückbar bei einer D-Mark blieb. Das Urteil mancher Eltern über das Blubber, dass es sich um eine Drogenhöhle handele, fanden wir ungerecht und überzogen. Es gab aber auch Eltern, die bei Willi anriefen und fragten, ob ihr Kind dort sei. Bejahte er dies, kam zusammen mit der Erleichterung nur die Bitte, das Kind dann mal nach Hause zu schicken.

Das Blubber war selbstverständlich nicht der einzige Treffpunkt und jede Gruppierung hatte ihren eigenen. So gingen die Schlosser der „Hütte" nach der Eröffnung der „Tangente" lieber dorthin, was zur Folge hatte, dass es vor dem Blubber unter den Angehörigen der verschiedenen Lehrberufe weniger Prügeleien gab. Die Motorradfahrer konnten sich nicht gut in Montur in der Disco Scotch sehen lassen, in der auch Langhaarige nicht gern gesehen wurden.

Die Mädchen machten sich gerne mal den Spaß, das Flair zu besuchen, denn dort gab es Tische mit Telefonen, über die man zu anderen Tischen Kontakt aufnehmen konnte. Etwas biederer ging es bei Pastors Platten Party im Keller der katholischen St. Michaelsgemeinde zu. Andere trafen sich bei einem Live-Act in der Jazzgalerie und aßen bevorzugt Toastbrot mit Tomate und Salami. Nicht zu vergessen das linksradikale, selbstverwaltete Jugend-, Kultur- und Kommunikationszentrum „Wildes Huhn", an dessen Hintertür jeden Tag um Mitternacht die neue Tagesparole herausgegeben wurde.

Den Eltern sagte man meist nicht genau, wo man war und da Blubber, Scotch und JazzGallerie im Alten Dorf ein Dreieck bildeten, war man einfach im „Bermuda-Dreieck verschwunden". Und man sagte den Eltern längst nicht alles, was einem passierte. Eine bei einer Prügelei entstandene Wunde am Bein nähte man sich, gut begossen mit hochprozentigem Alkohol, selbst, um den Arztbesuch zu vermeiden. Das war allerdings zu kurz gedacht, denn zum Fadenziehen musste man doch zum Arzt und erhielt vom Fachmann Schelte wegen der sorglosen Behandlung. Die Vorwürfe wegen des – manchmal nur vermeintlichen – Drogenkonsums nahmen wir trotzig entgegen, auch wenn wir selbst längst gemerkt hatten, dass wir damit gar nicht so viel anfangen konnten. Unsere Lebenswege entwickelten sich in die verschiedensten Richtungen. Doch das Blubber und Co. gehören zu unserer Geschichte, von der wir hin und wieder gerne unseren Kindern erzählen.

Spielplatz Botanischer Garten

Ein besonderes Kleinod des Braunschweiger Landes ist der seit 1840 bestehende, am Rande der Innenstadt liegende Botanische Garten der Technischen Universität Braunschweig, des damaligen Collegium Carolinum. Er gehört zu den kleineren, ist aber durch seine Lage am östlichen Umflutgraben der Oker, seiner dadurch bedingten Topografie, der wohl schönste Deutschlands. Er beherbergt etwa 4000 Pflanzenarten, ungefähr 1,5 % der Weltflora und ist ein wichtiges Labor für experimentelle Freilandforschung, denn er bietet reichlich Anschauung über die Vielfalt und Systematik der Flora. Man könnte nun vielleicht meinen, dass ein solch besonderer Ort zwar viele pflanzeninteressierte Erwachsene, Lehrer mit ihren Biologieklassen oder einfach nur die Ruhe suchende Naturfreunde, die sich eine Auszeit von der Stadt nehmen, anlocken würde, nicht aber, dass er auch zu einem bevorzugten Platz, ja sogar Spielplatz für Kinder werden könnte.

Clara Bornhoff, eine pensionierte Finanzbeamtin, saß gerne im

Die Süntel-Buche im Botanischen Garten Braunschweig im Winter.

Botanischen Garten auf der Bank vor der Wiese mit den Beispielpflanzen zur botanischen Systematik. Misstrauisch beobachtete sie eines Tages einen Vater mit seinen beiden Kindern, der diese auf die eine oder andere Pflanze hinwies und ihnen erklärte, wie und woran sie zu erkennen und einzuordnen waren. Das wird nicht lange gut gehen, dachte sie bei sich und fühlte sich bestätigt, als das kleine Mädchen, etwa fünf Jahre alt, ihren etwas älteren Bruder an der Hand zog. „Da ist unser Zelt", rief sie mit heller Stimme. Das Zelt war die große Süntel-Buche, eine Varietät der heimischen Rotbuche, auf der Wiese östlich der systematischen Abteilung mit ihren herabhängenden Zweigen. Im Sommer, bei voller Belaubung, war ein Kind, das unter die Äste schlüpfte, wie von der Erde verschluckt.

Erstaunt beobachtete Clara die kleine Familie. Vater und Kinder zogen einträchtig für eine Viertelstunde unter die Süntelbuche, richteten den mitgebrachten Stofftieren unter dem Blätterzelt ein Bettchen her, nachdem sie mit der aus Gras, Blättern, Gänseblümchen-Blüten, Bucheckern und ihren Hüllen, kleinen Steinchen und anderen Zutaten gekochten Mahlzeit gefüttert worden waren.

Am Rande derselben Wiese, zur Oker hin, ein weiteres Versteck. Es war ein Horst aus mittelgroßem Bambus, der, nachdem er sich ringförmig ausgebreitet hatte, einen kleinen, freien Platz in der Mitte hatte, nachdem die abgestorbenen Triebe entfernt worden waren. In diese neue Behausung zog die Familie nach einer Weile um und Clara, die nicht anders konnte, als ihr mit Blicken zu folgen, sah den Ort auf einmal mit deren Augen: Für Kinder war das ein heimeliger Ort; die ringsherum stehenden Bambustriebe waren wie eine lebende Wand, wie die verkleinerten Palisaden einer Steinzeitsiedlung oder eines Indianerdorfes. Tatsächlich ging es lebhaft zu! Es galt, Angriffe feindlicher Soldaten oder Banditenbanden abzuwehren.

Victoriahaus mit der Santa-Cruz-Riesenseerose.

An einem sonnigen Nachmittag ein paar Wochen später traf Clara Bornhoff wieder auf den Vater mit den Kindern. Diesmal war sie schon ein wenig neugierig darauf, welche Spiele sich die Kinder oder der Vater ausdenken würden und hielt sich unauffällig in deren Nähe auf. Heute wurde die kleine Schlucht mit dem Wasserfall und dem Bachlauf angesteuert. Clara war nicht erstaunt, als sie sah, dass die Kinder auf dem Weg dorthin begannen, einfache Rindenstückchen oder Blätter aufzusammeln, um sie als Bötchen schwimmen zu lassen.

Die Bötchen wurde bachaufwärts zu Wasser gelassen und dem Element überlassen. Dann liefen die Kinder los und schauten, ob ihr Bötchen nicht auf Grund lief oder strandete. Geschah dies, wurde das Gefährt nicht etwa aufgegeben, sondern wieder flottgemacht, indem ein Stock und falls nicht vorhanden, der Papa zum Einsatz kamen. Zuletzt wurde der kleine Wasserfall, der Ablauf beobachtet, in dem die Bötchen im Styx verschwanden. Clara kannte die Familie allmählich recht gut und wurde sogar von ihr wiedererkannt. Längst grüßte man sich, wenn man sich auf einem der Wege begegnete. Es gab so viele Familien, die hierherkamen und Clara verstand gar nicht, warum ihr das nicht früher aufgefallen war. Doch fand sie ihre Besuche nun wesentlich anregender als früher.

Einmal im Jahr gibt es für den botanischen Garten ein besonderes Ereignis; im großen Schaugewächshaus erblüht die Santa-Cruz-Riesenseerose der Gattung Victoria. Es wurde immer wieder behauptet, dass ihre Blätter eine solche Tragkraft hätten, dass kleine Kinder darauf sitzen könnten. Immerhin erreichen sie im Braunschweiger Garten einen Durchmesser von etwa einem Meter.

Als es in diesem Jahr im Gewächshaus wieder einmal so weit war, beobachtete Clara amüsiert, wie der Vater seine kleine, zierliche Tochter hochnahm, ein wenig zögerte und sie behutsam auf ein großes Blatt, das er für besonders tragfähig hielt, setzte. Clara lachte laut auf und blickte den Mann an: „Der Spielplatz Botanischer Garten ist wohl auch einer für Väter!"

Ein echtes Original – Ein Bauer in Thune

Es gab einen jungen Bauern, nennen wir ihn Hartmut, der war in der 7. Generation Landwirt auf seinem Hof in Thune, einem kleinen Dörfchen im Norden Braunschweigs und hatte den Hof nach dem frühen Tod des Vaters übernehmen müssen.

Thune – so hieß es – war einst von den Wenden erbaut und mit einem Zaun umgeben worden, den erst die Franzosen in der sogenannten Franzosenzeit von 1806–1814 abgerissen hätten, so heißt es, um daraus Feuer zu machen. Aber seinen Namen Thune hätte das Dorf eben von diesem Zaun, und ein wenig böswillige Zungen behaupteten, dass die Thuner sich deswegen nach außen hin sehr verschlossen geben würden.

Hartmut war das eigentlich recht egal. Tatsächlich liebte er sein Dorf an der Schunter mit seinen Überschwemmungswiesen, dem Kanal und dem aktiven Vereinsleben sehr. Es gab die Feuerwehr, den Spielmannszug der Feuerwehr, den Männergesangverein Gemütlichkeit und ein schönes Dorf-Gasthaus, die „Restauration Heinrich Röger", in dem man Hartmut nach getaner Arbeit regelmäßig bei einem Schoppen antreffen konnte.

Zum Einkaufen gingen die Dörfler für das, was man in Thune nicht bekam, über die Kanalbrücke ins nahe Wenden, denn dort gab es in den 70er-Jahren so gut wie alles, was man brauchte. Die nahe Großstadt lockte Hartmut selten – sie war zu groß, zu laut und zu schmutzig.

Hartmut besaß zwar einen alten VW Käfer, aber er wäre nie auf den Gedanken gekommen, das Auto für eine Fahrt in die Stadt zu benutzen. Dafür konnte man den Zug nehmen der, von Lüneburg kommend, am Bahnhof Wenden-Bechtsbüttel hielt und einen bis zum modernen Hauptbahnhof in Braunschweig brachte.

Von Hartmut erzählte man sich liebevoll spottend folgende Geschichte: Als Hartmut mal nicht anders konnte, als nach Braunschweig zu fahren, stellte er seinen alten VW Käfer am Bahnhof Wenden ab und trat an den Fahrkartenschalter.

„Gebet Sei mick mal 'ne Fahrkarte."

„Wohin soll's denn gehen?", wollte der Beamte wissen.

„Dat geit Sei garnist an, verstaat Se, gebt Se mick 'ne Kaarte!", erwiderte Hartmut.

„Ich müsste aber schon wissen, wo Sie hinwollen, sonst kann ich Ihnen keine Karte ausstellen!", forderte der Beamte halb belustigt, halb verärgert.

„Ik hebbe schonmal geseggt, datt geit Sei garnist an, aber wenn Sei datt durchaus wetten wüllt, ik well na Peine!"

Der Beamte stellte erleichtert die entsprechende Fahrkarte aus und übergab sie Hartmut. Der feixte und schlug sich mit den Händen auf die Schenkel.

„Nu, anschetten hebbe ik Sei doch, ik well nämlich na Brunswick!"

Der erste Urlaub im Harz

Gegen Ende der 60er-Jahre, Manfred besuchte noch die Grundschule im Landkreis Helmstedt, war die Massenmotorisierung voll im Gange. Die fünfköpfige Familie eines alleinverdienenden Hauptsekretärs bei der Bundeswehr konnte sich gerade erst das erste Auto, einen VW Käfer leisten. Aber auch nur, weil Oma Erika ihren Spargroschen dazugelegt hatte. Dass das Wams des Beamten eng sei, aber dass es wärme, traf es tatsächlich. An einen Urlaub war nicht zu denken. Umso überraschender war es, als Manfreds Eltern eines Tages verkündeten, dass die ganze Familie, einschließlich Oma, zwei Wochen lang in den Harz fahren würde.

Mit solch einem Käfer, einem VW 1300, ging es in den Harz.
Im Hintergrund der Brocken mit der sowjetischen Abhörstation.

Einige Zeit später wurde es unruhig. Es wurde überlegt, was mitgenommen werden sollte und musste; es wurden vielerlei Dinge besorgt. Dann war der Tag des Urlaubbeginns. Manfreds Vater schraubte auf seinem Käfer einen Dachgepäckträger, auf den zwei Lagen Koffer gepackt wurden. Im Auto selbst mussten schließlich drei Erwachsene und drei Kinder Platz finden. Im Fond war kein Platz für viel Gepäck und der Kofferraum des Käfers nahm nun wirklich nicht viel auf. Ein Kind, Manfreds kleine Schwester Karin, war allerdings erst etwas über drei Jahre alt und brauchte nicht so viel Platz, wie Manfred und sein zwei Jahre jüngerer Bruder Bernd. Nach einer Fahrt, die den Kindern sehr lang vorkam, lag der Harz vor ihnen. An seinem Fuße das Städtchen Bad Harzburg. Manfred war sehr aufgeregt, aber ein bisschen schlecht war ihm auch von der drangvollen Enge in dem völlig überladenen Fahrzeug.

„Hier machen wir gleich unsere erste Pause", verkündete Vater Wilhelm fröhlich. „Wir fahren zum Café Winuwuk und da bekommt ihr Kuchen!" Die Begeisterung der Kinder hielt sich zunächst in Grenzen. Doch kaum hatte der volle Käfer vor dem Café am Waldesrand angehalten und seine Fracht ausgespuckt, erklangen erstaunte und begeisterte Rufe, denn nichts war so, wie man es kannte. Für die Kinder mutete der Bau, den der Worpsweder Künstler und Architekt Bernd Hoetger nach den Vorstellungen eines Künstlerehepaares errichtet hatte, an wie ein verwunschenes Märchenhaus.

Nach Kaffee, Saft und Kuchen ging die Reise weiter. Nun war es nicht mehr weit. Bald kam man in einer kleinen Siedlung am Waldrand an, wo die Familie eine winzige Ferienwohnung bezog. Eine hitzige Diskussion entbrannte zwischen Manfred und Bernd: Wer darf im Stockbett oben liegen? Schließlich einigten sie sich, die Zeit aufzuteilen. Die erste Hälfte durfte Bernd im „Dachgeschoss" übernachten, in der zweiten Hälfte Manfred. Karin war glücklich, dass sie sich in dem Einzelbett an Oma kuscheln durfte. Die Eltern campierten nebenan im Wohnzimmer auf der Wohn-Schlafcouch.

Die ersten Tage schienen eine neue Sintflut vorzubereiten, es regnete ohne Unterbrechung. Doch war es faszinierend zu sehen, wie sich die Nebelschwaden und Wolkenfetzen die Harzberge hochschoben und waberten. So etwas gab es im Flachland nicht. Die Kinder waren trotz des Dauerregens natürlich draußen und spielten im angrenzenden Wald. Der Boden war gesättigt von Wasser. Ein Schritt und es quoll um die Gummistiefel hoch. Aber die weit herunterhängenden Fichtenäste wirkten ein wenig wie ein Regenschirm und die Kinder empfanden sie wie eine kleine Höhle, einen Ort, der zur unfreundlichen Außenwelt abgrenzte. Im Wald waren Bäume gefällt worden und ihre Rinde lag noch überall herum. Aus diesen Rindenstücken schnitzten die Jungen zusammen mit ihrem Vater Bötchen, die sie später auf einem in der Nähe fließenden Bach zu Wasser ließen. Als Besatzung dienten Steinchen, Rinden- und Aststückchen. Die kleine Karin liebte das, wollte aber, dass sie niemals verloren gingen. Also mussten Manfred und Bernd am Bach entlanglaufen und die Flüchtigen nach einigen Metern einfangen.

Der Bach war nicht nur als Schifffahrtsweg interessant. Als das Wetter besser wurde, zogen die Kinder die Schuhe aus und wateten durch das Gewässer. Hin und wieder flitschte ein Schatten durch das Wasser, aufgescheuchte Krebse und Fische. In den Jungen erwachte der Jagdinstinkt. Sie versuchten die Krebse und Fische mit der Hand zu fangen. Einige Erfahrung hatten sie in den heimatlichen Bächen gemacht, im Gebirge war es doch etwas anders. Es gab mehr Verstecke und das Wasser war schneller. Aber nach einigen Versuchen gelang es.

Es war faszinierend den harten, kühlen Panzer eines Krebses zu spüren und zu sehen, wie er versuchte sich zu befreien und mit den Scheren herumzwackte. Ganz schnell setzten die Jungen ihn zurück ins Wasser; er sollte sich nicht länger fürchten müssen. Bei den Fischen wusste Manfred instinktiv genau, wohin sie fliehen würden. Er griff scheinbar ins Leere und hatte doch den Fisch in der Hand.

Nachdem der Regen aufgehört hatte, begannen weitereichende Aktivitäten. Vater Wilhelm hatte vor dem Urlaub in der Buchhandlung eine Harzkarte erstanden. Am Morgen des ersten trockenen Tages breitete er sie auf dem Esstisch aus und die Familie plante gemeinsam die Tagestour. Mit dem Autor oder lieber in der Umgebung wandern? In den ersten Tagen fiel das Votum eindeutig für das Wandern aus, denn niemand hatte Lust, sich in das enge Auto zu quetschen. Zum ersten Ziel wurde der Radauer Wasserfall bestimmt, denn ein Spektakel, bei dem sich Wassermassen 22 Meter über Felsen herabstürzen, kannten die Urlauber nicht.

Ein Bestimmungsbuch für Pflanzen begleitete die Familie auf ihren Wanderungen. Ständig blieb einer stehen und inspizierte die verschiedenen Blumen am Wegesrand, die blühten. So waren es im Wald der Rote Fingerhut, der Wald-Storchschnabel, in den Wiesen der Kleine Klappertopf, die Berg-Platterbse, die Heide-Nelke, das Nickende Leimkraut, die Trollblume, andere Hahnenfußgewächse und viele mehr. Entdeckte einer eine interessante Blume, die unbekannt war, wurde zuerst der Standort, ob Wald, Wiese, Weide, Bachufer, Gebüsche und Hecken, bestimmt, dann die Form der Blüte, ob zweiseitig oder strahlenförmig symmetrisch, schließlich ihre Farbe. Bald war es den Kindern abseits der biologischen Systematik möglich, die Pflanzen mithilfe ihres Vaters zu bestimmen.

Er las die Anmerkungen zu der identifizierten Pflanze vor, ob sie giftig, ausdauernd oder nur jährlich, ob es eine alte Heilpflanze war oder ob sich irgendein Aberglaube mit ihr verband. Sehr spannend fand Manfred die Erklärung der Namensherkunft, so wie etwa beim Hahnenfuß wegen seiner vogelfußähnlichen Laubblätter oder beim Klappertopf, in dessen reifen Früchten die Samen laut vernehmlich klappern, wenn sie bewegt werden oder beim Storchschnabel, weil dessen längliche Fruchtgrannen an den Schnabel des Storches erinnern. Manchmal hatte die Familie Glück und sah Eidechsen und Blindschleichen, häufig verschiedenste Heuschrecken und Grashüpfer. Erreichten sie zur Mittagszeit eine Bank oder einen geeigneten Holzstoß, gab es ein Stück Fleischwurst und Brötchen.

Für einen Tag wurde dann aber doch eine größere Tour mit dem Auto geplant. Oma Erika wollte nämlich nicht im Harz gewesen sein, ohne die berühmte Stabkirche in Hahnenklee gesehen zu haben. „Nach Norwegen werde ich wohl nicht mehr kommen und da lass ich mir doch nicht entgehen, dass ich so was mal hier sehen kann!"
Ausgerechnet auf dieser Fahrt verlor Karin die etwa zehn Zentimeter hohe Figur des Mainzelmännchens Anton. Sie liebte dieses Männlein. Sie hatte es gerade erst geschenkt bekommen. Der Verlust wurde bemerkt, nachdem alle müde und durchgeschaukelt von den kurvigen Harzstraßen wieder in der Ferienwohnung angekommen waren. Die letzte Erinnerung an Anton in Karins Hand war aber die von Bernd. „In der Stabkirche hat sie ihn auf die Treppe zur Kanzel gestellt." Karin selbst, völlig aufgelöst, konnte sich nicht erinnern.
Obwohl Vater Wilhelm am nächsten Tag nach Hahnenklee fuhr und das Mainzelmännchen suchte, tauchte es nie wieder auf.
Von diesem ersten Familienurlaub blieben den Familienmitgliedern unterschiedliche Eindrücke im Gedächtnis. Vater Wilhelm achtete fortan bei allen weiteren Reisen sehr genau darauf, dass bloß niemand irgendwo etwas liegen ließ, Oma Erika leistete sich ein paar Jahre später doch noch eine Tour zu den Stabkirchen in Norwegen, Manfred wurde Botaniker und Karin ...? Der Verlust der kleinen Mainzelmannfigur muss tatsächlich traumatisch gewirkt haben, da er selbst etwa fünfzig Jahre danach eine späte Reaktion auslöste: Beim Karnevals-Umzug in Braunschweig, dem „Schoduvel" war sie ein schöner, wenn auch bei Weitem schlankerer Mainzelmann Anton.

Der Heirat Kind: ein Standesamt

Bereits Mitte der 60er-Jahre setzte die niedersächsische Landesregierung eine Sachverständigenkommission ein, die Vorschläge für eine Verwaltungs- und Gebietsreform erarbeiten sollte. Anfang der 70er-Jahre sorgten die Ergebnisse und ihre Umsetzung für große Veränderungen im nördlichen Teil des Landkreises Helmstedt oder, wenn man so will, im nordöstlichsten Zipfel des Braunschweiger Landes. Es kam zu der Bildung einer Samtgemeinde, in der sich sechzehn einzelne oder ursprünglich in kleinere Verbände zusammengefasste Dörfer zwecks gemeinschaftlicher Aufgabenerledigung zur Samtgemeinde Velpke zusammenschlossen.

Zunächst gab es in der neuen Gemeinde kein Gebäude, in dem die gesamte Verwaltung untergebracht werden konnte. Ein Provisorium mit jeweils zwei Sitzen in Velpke, in Bahrdorf und Wahrstedt musste sechs Jahre herhalten, bis das neue, moderne Rathaus in Velpke gebaut wurde. 1979 war es endlich so weit: Sechzehn Dörfer freuten sich über das neue Rathaus der Samtgemeinde, das alle Verwaltungsabteilungen in sich vereinte. Die Stelle, in der des Volksmundes „Freud und Leid" zusammengefasst ist, ist das Standesamt. Und ein solches besaß das blitzneue Rathaus natürlich auch. Mit einem eigenen „Trauzimmer" für den wichtigsten Tag im Leben der meisten Menschen.

Das schicke Trauzimmer im neuen Rathaus löste unter Erfüllung modernster zeitgenössischer Ansprüche ein jahrelanges Provisorium ab, denn bis dahin hatten die Trauungen im Amtszimmer des Leiters des Ordnungsamtes in der Oebisfelder Straße stattgefunden. Vor der Zeremonie wurde einfach eine Tischdecke über den Schreibtisch des Amtsleiters gelegt. Die Zigarre des Standesbeamten, zu dieser Zeit war es noch nicht verboten, in öffentlichen Räumen zu rauchen, verschwand zwischenzeitlich, im Aschenbecher schwelend, hinter dem großen Blumenstrauß. Im neuen Trauzimmer war viel los, es gab in Hoch-Zeiten bis zu 90 Eheschließungen jährlich. Ein riesiger Tisch, auf dem ein großer Kerzenleuchter prangte, nahm fast die Hälfte des Raumes ein. Dahinter saß der Standesbeamte auf einem prächtigen Stuhl. Vier ebenso beeindruckende Stühle standen für das Brautpaar und die Trauzeugen vor dem Tisch. Damit war das benötigte Mobiliar komplett. Wer sonst der Trauung beiwohnen wollte, musste stehen.

Richtfest des Samtgemeinderathauses Velpke.

Den drei Standesbeamten war ein würdiger Ablauf des Geschehens wichtig und deshalb wurden die Trauungen, bis an einigen wenigen besonderen Tagen, im stündlichen Takt vorgenommen. Niemand sollte sich gedrängelt fühlen und für einen herzhaften Schluck auf die vollzogene Trauung, sei es mit Asti Spumante, Moët & Chandon oder aber Kellergeister sollte auf jeden Fall genug Zeit bleiben.

Ein ganz besonderer Tag – dachte man – würde wohl der 8.8.(19)88 werden. Standesamtliche Trauungen hatten inzwischen an Bedeutung gewonnen, ebenso der Wunsch nach einer Eheschließung an einem „Schnapszahldatum". So bereitete man sich auf diesen Tag vor, indem man zusätzlich das Sitzungszimmer als Trauzimmer vorsah. Alle drei Standesbeamte waren für den Dienst eingeteilt und die Trauungen sollten ausnahmsweise im halbstündlichen Takt abgehalten werden. Soweit der Plan. Vergeblich, wie sich herausstellte, denn für diesen Tag wurden lediglich drei Trauungen angemeldet.

Grundsätzlich musste mit den Wochen vor einer Trauung sorgsam umgegangen werden. Wollte man heiraten, so musste man damals ein halbes Jahr zuvor das Aufgebot bestellen, das öffentlich ausgehängt wurde. Dies wiederum beflügelte so manchen Angehörigen, aber auch Mitarbeiter im Rathaus, zu fantasievollen Aktionen, denn das Aufgebot enthielt zwar die Daten des Paares, nicht aber den Trauungstermin. Damit sollte vermieden werden, dass sich unliebsame Zaungäste zur Trauung einfinden oder diese gar stören würden. Da rief so manch ein „Bruder der Braut" an, der „seinen Terminkalender verschusselt hatte", oder eine „Trauzeugin", die für die Trauung der besten Freundin, „wann war gleich noch mal das genaue Datum?", eine Torte vorbereiten wollte. Auch vor den „zufälligen" Blicken der Mitarbeiter im Rathaus in die offenen Terminkalender mussten sich die Standesbeamten stets hüten – besser war, man verschloss das gute Stück sorgsam in der Schreibtischschublade.

Wenn ein junges Paar zum Standesamt kam, um einen Hochzeitstermin anzumelden, fragte der Standesbeamte, um Missbrauch zu vermeiden und zur Sicherung der Vertraulichkeit, nach dem Hochzeitstag der Eltern der Braut. Das war die Losung, und so konnte man sichergehen, dass die fröhliche junge Frau, die sich mit dem Namen der Braut meldete und eine Ergänzung zu der angemeldeten Trauung – „mir ist gerade das Datum entfallen!"– machen wollte, wirklich die Braut war.

Die Standesbeamten in Velpke planten den Ablauf einer Trauung detailgenau und ließen sich von ungewöhnlichen Begebenheiten nicht aus der Ruhe bringen. Kleine scherzhafte Sprüche, wie zum Beispiel den eines jungen Trauzeugen im weißen Anzug, der als Beruf zunächst launig „Viehhändler" angab, ließ der Beamte augenzwinkernd durchgehen.

Es gab Termine, bei denen bereits im Vorfeld abzusehen war, dass eine große, lärmende Hochzeitsgesellschaft der Trauung beiwohnen würde. Die Erfahrung hatte gelehrt, dass nach dem sehnlichst erwarteten „Ja" der Brautleute und dem Hochzeitskuss die Aufmerksamkeit und Ruhe der Anwesenden jäh schwand. Also legte man diesen Akt möglichst weit an das Ende des Ablaufes.

Sitten und Gebräuche, Formen und Traditionen haben es an sich, dem Wandel in der Zeit unterworfen zu sein. So ist es auch mit der Art, wie geheiratet wurde und wird. In den letzten Jahren vor der Jahrtausendwende wurde z. B. die Trauzeugenpflicht abgeschafft. Die Zeremonie im Standesamt gewann, je mehr das kirchliche Leben an Bedeutung verlor, an Gewicht und ein feierlicherer Rahmen wurde wichtiger. Immer häufiger suchten die Ehewilligen nach einem Standesamt, das nicht unbedingt das in Velpke sein musste. Die Zahl der Trauungen in der Samtgemeinde nahm ab. Da auch Geburten und Sterbefälle aus praktischen Gründen meist nicht mehr in Velpke bearbeitet wurden, beschloss man im Zuge der Umstellung auf elektronische Datenverarbeitung, das Standesamt in Velpke aufzugeben.

Die Standesbeamten erinnern sich gerne an diese Zeit und besondere Ereignisse, wie zum Beispiel den Fall eines schon älteren Paares, das jahrelang auf die Sterbeurkunde des ersten Mannes der Braut warten musste, ehe es heiraten konnte.

Die Russen kommen!

Wolfenbüttel, die kleine Stadt im Süden Braunschweigs, hatte als Residenzstadt der Herzöge von Braunschweig-Wolfenbüttel für einige Jahrhunderte reichsweite Bedeutung. Aus einer Festung entwickelte sich im 16. und 17. Jahrhundert eine stetig anwachsende Residenz- und Beamtenstadt, die sich nach Plänen des Herzog Julius gar zu einem wirtschaftlichen Konkurrenten zum benachbarten Braunschweig entwickeln sollte.

Vor den Toren der Stadt nutzten die Bürger und Beamten Wolfenbüttels Land für den Gartenbau. Als das Fürstenhaus seinen Sitz im 18. Jahrhundert nach Braunschweig verlegte und die Beamten wegzogen, entwickelte sich vor den Toren der Stadt erwerbsmäßiger Gartenbau. Im Zeitalter der Industrialisierung kamen Konservenfabriken hinzu.

In einem der bescheideneren Gärtnereibetriebe am Neuen Weg, der Achse, an der einst vor dem Herzogtor die ersten Gärten entstanden waren und an der man noch heute einige der typischen Streckhöfe der erwerbsmäßigen Gärtnereien finden kann, spielte sich wohl diese Geschichte ab:

In den 50er-Jahren war ein Gärtnereibetrieb in der Regel ein Familienbetrieb. Bis hin zur Großmutter, die für die Versorgung des Hausschweines und die Betreuung der ganz kleinen Kinder zuständig war, waren alle eingebunden. Die größeren Kinder, in diesem Fall Fritz und Auguste, halfen bei der Bewirtschaftung der Gemüsefelder und der Produktion der hauseigenen Konserven.

In der Kammer hinter der Küche wurde für den eigenen Bedarf Wurst aus der Schlachtung oder Gemüse in Büchsen gefüllt und gebördelt, d. h. mit einer speziellen Maschine verschlossen. Die offene Dose wurde auf einen Drehteller gestellt, ein Deckel aufgelegt und der Rand der Dose eingeknickt. Anschließend wurde die Büchse samt Inhalt gekocht. Zum Schluss versah man sie anhand von Punzen (Metallstempel, mit denen man Buchstabe für Buchstabe einstanzte) mit einer Aufschrift und lagerte die Konserve in der Vorratskammer.

Der zehnjährige Fritz war an diesem Tag sehr aufgewühlt und unkonzentriert. In der Schule hatte es Ärger gegeben, weil er seine Hausaufgaben nicht gemacht hatte. Auf dem Heimweg war es zu einer kleinen Rangelei zwischen ihm und einem Nachbarjungen gekommen, weil der sich über ihn lustig gemacht hatte und meinte, dass Fritz nun ja wahrscheinlich sitzen bleiben würde. Zu Hause hatte ihn die Mutter beim hastig eingenommenen Mittagessen wegen des zerrissenen Hemdkragens ausgeschimpft.

Der drei Jahre älteren Schwester Guste konnte es Fritz an diesem Tag auch nicht recht machen. Überall stand er ihr bei der Konservenproduktion im Weg oder erledigte die Aufträge nicht ordentlich. Sollte er die Dosen mit den Erbsen befüllen, fielen zu viele daneben. Bekam er den Auftrag, das Rad der Bördelmaschine zu drehen, tat er es nicht schnell genug, beim Punzen der Dosen schrieb er die Buchstaben in falscher Reihenfolge, sodass dort nicht „Erbsen", sondern zum Beispiel „Ersben" stand.

„Du bist aber heute auch ein bussiger Dölmer! (Jemand, der unachtsam und ungeschickt ist). Ich glaub, ich mach das besser mal alleine. Nimm die Büchsen hier und fang in der Küche mit dem Einkochen an!"

Fritz war ganz zufrieden mit dem Auftrag, denn morgen sollte es ihm nicht wieder passieren, dass er ohne Hausaufgaben in die Schule ging und die konnte er am Spültisch gut machen, während die Büchsen kochten. Er griff sich den Korb mit der ersten Ladung und schleppte ihn hinüber in die Küche.

Der große Einkochtopf stand bereits neben dem Holzofenherd. Sorgfältig, damit Guste ihn nicht wieder wegen seiner Unachtsamkeit ausschimpfen würde, befüllte er den Topf mit den ersten Dosen, schob ihn auf die Platten über der Feuerung und legte ein wenig Holz in der Luke nach. Dann setzte er sich an den Küchentisch und versank tiefgrübelnd in seine schier unlösbaren Rechenaufgaben.

Bereits nach kurzer Zeit wurde Fritz von Geschrei aus dem Stall, der sich an der anderen Seite der Diele anschloss, aufgeschreckt. Er konnte keine Worte unterscheiden, hörte aber deutlich die schrille Stimme seiner Großmutter Tine und seiner klei-

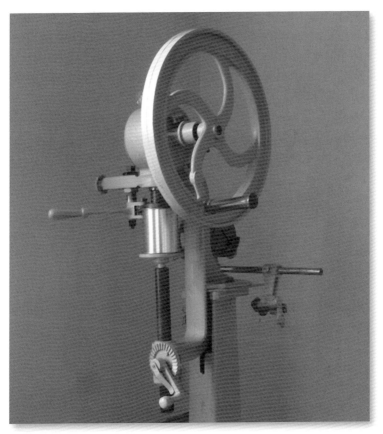

Manuelle Dosenverschlussmaschine der Firma Fritz-Züchner-Blechwaren Seesen im Gärtnermuseum Wolfenbüttel.

nen Schwester Liese, sowie das Quieken der Haussau Berthe. Schnell sprang er auf, verließ die Küche und eilte durch die Diele zum Stall. Ihm bot sich folgendes Bild: Großmutter, Schwester und Schwein liefen wild umeinander her, wobei die Großmutter mit ausgebreiteten Armen zu verhindern suchte, dass Berthe den Stall durch die weit offen stehende Hoftür verließ, während Liese mit ihrem Geschrei und dem Spaten in der Hand eigentlich genau das Gegenteil tat.

Die Großmutter erblickte Fritz in der Tür und schrie aufgebracht: „Steh nicht so rum, Bangebüx! Biste denn schwer von Kappee. De Swin hat de vermuddelte Klappe aufgestoßen und nu will se wech hier!"

Bangebüx (Angsthase) wollte Fritz nun heute nicht auch noch genannt werden. Er griff beherzt nach der breiten Rübengabel, die neben der Stalltür an der Wand hing und drängte sich zwischen Oma, Sau und Schwester. Mit beruhigenden Worten drängte er das Tier sanft durch die schief hängende Futterklappe zurück in den Koben, schloss diese und sicherte sie, indem er eine schwere Schubkarre davorrollte. Das musste reichen, bis der Vater Zeit haben würde, die Klappe zu reparieren.

Großmutter und Liese beruhigten sich allmählich und nachdem die Großmutter sich ein um das andere Mal davon überzeugt hatte, dass Berthe die Klappe nicht wieder würde öffnen können, beschloss man, zurück ins Haus gehen. In diesem Moment ertönte ein infernalischer Krach aus dem Haus, der sich anhörte, als wenn Panzer ihre Kanonen abfeuerten. Panikerfüllt griff sich die Großmutter an den Kopf, fiel auf die Knie hinunter und schrie: „Erst haut das Swin ab und nu kommen auch noch de Russen!"

Fritz hatte vergessen, den Einkochtopf mit Wasser zu befüllen und alle Dosen waren explodiert, sodass die Erbsen bis unter die Decke geklatscht waren.

Eigennutz vor Gemeinnutz

Der Elbe-Seitenkanal wurde 1976 nach achtjähriger Bauzeit eröffnet. Er schuf eine neue Verbindung zwischen Elbe und Mittellandkanal; denn die vorhandene war das Wasserstraßenkreuz Magdeburg im Gebiet der damaligen Deutschen Demokratischen Republik. Außerdem sollte der Kanal als Bollwerk gegen die Panzertruppen des Warschauer Paktes dienen. Die Kanalböschungen wurden als Sperren Richtung Osten angelegt, in die Unterführungen Panzersperren eingebaut und die Brücken mit Sprengschächten ausgestattet. Leider stürzten viele Rehe, Füchse Hasen und andere Tiere auf der Flucht vor Beutegreifern oder bei dem Versuch, an heißen Sommertagen zu trinken, in den Kanal und ertranken. Die notwendigerweise steile Böschung konnten sie nicht hochklettern. Nach der Wiedervereinigung wurden die Kanalwände abgeflacht und die Falle beseitigt.
Der Kanal durchschnitt Wiesen, Äcker und Wälder und trennte Wege und Straßen. Um das unterbrochene und gestörte Straßen- und Wegenetz wieder zu schließen, sinnvoll neu zu strukturieren und die Anschnitt- und Durchschneidungsschäden an Wiesen und Äckern zu beheben, reihten sich entlang des Kanals wie eine Perlenschnur Flurbereinigungs- oder Bodenordnungsverfahren, in die die betroffenen Grundstücke und Ersatzgrundstücke hineingenommen wurden. Die durch das Vorhaben geschädigten oder verdrängten Grundeigentümer erhielten wertgleiche Grundstücke an anderer Stelle oder zusammengelegte Flächen.
Die Verfahren verliefen nicht immer konfliktfrei. Ein Landwirt, wir nennen ihn mal Otto, beklagte, dass er von allen am schlechtesten abgeschnitten habe. Auf die Frage wieso, meinte er, dass

er viele sehr kleine Flächen gepachtet hatte. Da habe er den Pachtpreis bestimmen können, weil kein anderer sie hätte haben wollen. Nun seien die kleinen Flächen zu größeren zusammengelegt worden und plötzlich seien die Preise höher, weil nicht nur er interessiert sei. Derselbe „bauernschlaue" Landwirt hatte bereits bei den vorbereitenden Verhandlungen um die Neuordnung vorgeschlagen, die gepachteten Grundstücke zwischen sein Eigentum zu legen, damit sinnvoll eigentlich nur noch an ihn verpachtet werden könnte.

Zu Verhandlungen oder Besprechungen in das Amt kam der Otto grundsätzlich nach der Stall- und Feldarbeit. Er hinterließ eine breite Dreckspur in den Gängen, weil sich beim Gehen Bodenklumpen von seinen Gummistiefeln ablösten und er stank penetrant nach Dung. So wurden Gespräche mit ihm möglichst schnell zu einem Ende gebracht, um ihn hinauskomplementieren zu können.

Elbeseitenkanal bei Wasbüttel im Winter mit Blick nach Süden auf ein Sicherheitstor kurz vor der Abzweigung aus dem Mittellandkanal.

Schlimm wurde es, als ein Messtrupp die Grenzen eines seiner Grundstücke aufnehmen wollte. Otto raste mit seinem Traktor mit heruntergelassenem Ballenspieß auf sie zu und blieb erst im letzten Moment stehen. Die Messgehilfen ließen, als sie den Traktor wie einen wütenden Stier auf sich zukommen sahen, ihre Fluchtstangen fallen und suchten panikartig das Weite; der Truppführer konnte das nicht, weil er bei seinem Tachymeter bleiben wollte. Der Bauer baute sich mit einer Mistgabel in den Händen vor dem armen Truppführer auf und brüllte, dass dieses Land seines sei und er es nicht hergebe. Die Vermessung wurde abgebrochen und unter polizeilichem Schutz einige Wochen später fortgesetzt.

Auf Ottos Hofgrundstück stapelten sich alte Autos, Traktoren, landwirtschaftliche Geräte und sonstiger Plunder. Kurz, es sah aus wie ein vollgerümpelter Schrottplatz. Als die Abfallbehörde anordnete, das Gerümpel zu beseitigen, stellte Otto den Antrag, seine Hofstelle als Schrottplatz zu genehmigen. Der Antrag wurde natürlich abgelehnt. Die Hofstelle sah jedoch Jahre später eher wie ein Schrottplatz als ein landwirtschaftlicher Betrieb aus.

Mehrfach musste der Tierarzt den Milchkuhbestand des Hofes behandeln, weil die Tiere Tuberkulose hatten. Warum sich die Tiere ständig neu ansteckten, konnte zunächst nicht geklärt werden. Erst nachdem ein Verwandter des Bauern schwer erkrankte, wurde die Ursache klar. Die Diagnose lautete Tuberkulose. Die Kühe steckten sich beim Menschen an!

Jahre nachdem das Flurbereinigungsverfahren abgeschlossen war, radelte eine Gruppe von Bearbeitern der Flurbereinigung auf einer Radtour zufällig durch das Dorf des besagten Landwirts. Sie machten einen Abstecher zu Ottos Hofstelle; denn sie waren neugierig, ob die Schrotthalde noch da war. Sie war es. Zufällig war der Bauer vor dem Haus und begrüßte sie freudig aus der Ferne. Man unterhielt sich eine ganze Weile über die Ereignisse anlässlich des Bodenordnungsverfahrens, obwohl man sich in der rechtlichen Abwicklung nichts geschenkt hatte und Otto mit seinen Vorstellungen und besonderen Wünschen auf der ganzen Linie gescheitert war.

Eine außergewöhnliche Fußgängerunterführung

Am Westrand des Oderwaldes liegt die Blaue Lagune. Es handelt sich um eine ausgehobene Mergelkuhle, die ursprünglich ein kleiner See mit grünblauem Wasser war. Im Laufe der Zeit wurde die Kuhle durch die Mergelschicht durchlässig. Heute steht nur noch saisonal Wasser in geringem Umfang in der Grube. Bis zum Lückenschluss der A 395 zwischen Wolfenbüttel und Schladen konnte die Blaue Lagune vom Dorf Groß Flöthe gut erreicht werden. Es wurde dort gebadet und manche Party gefeiert. Um die Zerschneidung von Wildwechseln und die Trennung von Tierpopulationen zu vermindern, wurde beim Bau der Straße mit Querungen experimentiert. Neben einer der ersten Wildtier- oder Grünbrücken in Deutschland wurde auch ein Tunnel für kleinere Tiere wie Marder, Igel oder Amphibien unter der Autobahn gebaut.

Ob solche Unterführungen von der Tierwelt tatsächlich angenommen werden würden, war nicht klar. Also wurden Wildkameras installiert, mit denen aufgezeichnet wurde, ob und welche Tierarten den Querungstunnel benutzten. Und tatsächlich wurde sogar eine unerwartete Spezies registriert. Offenbar war einigen Vertretern des Homo sapiens der Umweg nach der Party an der Blauen Lagune zurück nach Groß Flöthe zu weit. Also krabbelten sie auf allen vieren durch den Tunnel.

Lederhosen und das Wunder von Bern

Das ursprünglich kleine Bauerndörfchen Watenstedt mit seinen knapp 400 Einwohnern, etwa 20 Kilometer von Braunschweig entfernt, erfuhr ab 1937 im Verlaufe einiger weniger Jahre eine Bevölkerungsentwicklung, wie man sie sich kaum vorstellen kann. Grund war die Gründung der Reichswerke AG für Erzbergbau und Eisenhütten „Hermann Göring".

Das Land um Watenstedt wurde, nachdem die Mehrheit der Landwirte umgesiedelt worden war, zum Industrieaufbaugebiet. Um das Dorf Watenstedt herum entstanden Arbeitslager und 1943 erreichte das Dorf eine Rekordzahl von 16 992 Einwohnern. Ab 1946 wohnten Tausende von Flüchtlingen aus den Ostgebieten in den Baracken des Flüchtlingslagers Watenstedt-Immendorf.

Nach dem Ende des Zweiten Weltkrieges sollte, so der ursprüngliche Plan der Siegermächte, das Stahlwerk ebenso wie der Rest der Groß-Industrie demontiert werden. Für die beginnenden Demontage-Arbeiten in der „Hütte" wurde der Vater von Werner Scholz aus der englischen Kriegsgefangenschaft in das von den Engländern besetzte Niedersachsen entlassen. Werner und seine Familie stammten aus Schlesien, heute Polen. Im Barackenlager Watenstedt-Immendorf fand die Familie nach Krieg, Kriegsgefangenschaft, Flucht und Suche über das Rote Kreuz wieder zusammen.

Die vierköpfige Familie bezog eine Wohnung in einer der Holzbaracken, in der bereits die fünfköpfige Familie einer Cousine von Vater Scholz lebte und so teilten sich neun Personen zwei Zimmer und eine Küche. Bei so wenig Platz war klar, dass Werner mit seinen neuen Freunden, denen es in ihren Baracken

Der Weltmeisterzug.

nicht anders erging, die Freizeit am liebsten draußen verbrachten. Das nicht gerade ungefährliche Terrain mit Bombentrichtern, Bunkern und Blindgängermunition zwischen den Baracken und in den Trümmern des ehemaligen Verwaltungsgebäudes des Werkes wurde zum Spielplatz für die Kinder. Oft brachten sie Waffen und Munition mit nach Hause und die erschrockenen Eltern schärften ihnen ein, dass das todbringende Kriegswaffen waren, mit denen sie auf keinen Fall hantieren sollten. Im Allgemeinen hielten sich die Kinder daran, doch wie alle Kinder hatten Werner und seine Freunde so ihre Geheimnisse vor den Eltern.
Von dem Einmannbunker, an dem sie regelmäßig spielten, erzählten sie nichts. Ebenso wenig davon, dass sie wussten, dass die Verbindung einer gewissen weißen Masse mit Wasser eine heftige Reaktion hervorrufen konnte. Gesagt, getan. Sie füllten die Masse und Wasser in eine Flasche, verschlossen sie und legten diese in den Bunker. Kaum dass sie die Tür geschlossen hatten, gab es eine so starke Detonation, dass man sie im ganzen Lager hörte und spürte. Die Jungen entgingen nur sehr knapp einem großen Unglück und zu Hause gab es ein Riesendonnerwetter.
Langsam verbesserten sich die Verhältnisse für Familie Scholz. Sie zogen in eine Steinbaracke, nachdem Vater Scholz bei einer Baufirma als Bauhilfsschreiber arbeitete. Schließlich war er von Beruf Lehrer und konnte schreiben, wie der Vorarbeiter, der ihn einteilte, bemerkte. 1950 bekam er eine Anstellung als Lehrer.
Werner und seine Freunde besuchten die Barackenschule im Lager, später die auf den Fundamenten des alten Verwaltungsgebäudes des Hermann Göring Werkes erbaute neue Schule und spielten in ihrer Freizeit Fußball! Werner, Georg, Egon, Peter, Alfons und Alfred waren in ihrer Freizeit Toni Turek, Fritz Walter, Helmut Rahn … die Helden der Weltmeisterschaft 1954. Ihre Fußballplätze allerdings waren viel bescheidener, die Re-

geln ihrer Spiele an die Zahl der Mitspielenden angepasst und die „Trikots" waren das Alltagshemd und die Lederhose.

Ständig auf der Suche nach Plätzen, auf denen man spielen konnte, entdeckten die jungen Fußballer eine Wiese ohne Disteln. Es gab viele alte Bombentrichter, die die Menschen verfüllten, um sie als Fläche für Gemüse- oder Kartoffelanbau zu nutzen. Auf dieser Fläche aber wuchs nur Gras für eine angepflockte Ziege. Kurzerhand beschlossen die Jungen, der Ziege einen anderen Standort zuzuweisen. Ein lauter Schrei durchkreuzte den Plan: „Geht ihr runter von meiner Heugraswiese! Denkt ihr, meine Ziege frisst krummes Gras?" Der Ziegenbesitzer, Vater eines Mitspielers, rannte, seine Peitsche schwingend, auf die Jungen zu. Das war es mit dem schönen Fußballplatz.

Die Mannschaft der Jungen fand sich jeden Tag neu zusammen. Es hing ja davon mit ab, wer zum Spielen raus durfte. Der eine musste mit weiteren Kindern Bucheckern sammeln, aus denen Öl gewonnen werden konnten. Andere sammelten Kartoffeln oder Ähren auf den Feldern, die von den Bauern liegen gelassen worden waren.

Zwei Mannschaften mit je elf Spielern gab es nie, meist waren es 4er-Mannschaften, und so erfanden die Jungen eigene Regeln. Spielten sie auf dem Sportplatz des TSV Watenstedt, war der Platz viel zu groß für die kleine Mannschaft. Das Tor war riesig und die Ecke zu weit weg. Ihre neue Regel lautete: „Drei Ecken ein Elfer". Ging für eine der 4er-Mannschaften der Ball über die Außenlinie, gab es eine Ecke. Die Ecke wurde aber nicht ausgeführt, sondern „gezählt". Hatte eine Mannschaft drei Ecken zusammen, bekam sie einen Elfmeter.

Ein beliebtes Spiel war das „Tor-Ausschießen". Vier Torwarte standen im Tor und ein Spieler stand auf dem Elfmeter-Punkt. Mit aller Wucht versuchte er, einen Treffer im Tor zu versenken. Gelang dies, durfte er einen weiteren Versuch unternehmen,

Splitterschutzzelle (Einmannbunker) bei Watenstedt.

wurde der Ball gehalten, durfte der in der linken Ecke stehende Torwart das Tor verlassen und sein Glück als Schütze probieren. Der erfolglose Schütze rückte an der rechten Ecke ein. Jeder wollte natürlich so oft wie möglich treffen, um Elfmeter-Schützenkönig zu werden.

Fernseher in Privathaushalten waren in dieser Zeit eine Seltenheit. So verfolgten die Jungen die Spiele der Weltmeisterschaft in Bern und den Siegeszug ihrer Helden durch Deutschland vor dem Fernseher der Gastwirtschaft Lochte in Form von, wie man heute sagen würde, „public viewing". Dabei trugen sie wie beim Fußballspiel ihre Lederhosen. Die gute Hose gab es nur für den Kirchgang am Sonntag. Von einem „Trikot" gar sprachen die Jungen lediglich, wenn es um eines ihrer Fußball-Idole ging.

Das Leben in den Baracken endete für Werner Scholz 1952, weil sein Vater, der als Lehrer an die neugebaute Schule in Watenstedt versetzt worden war, eine Wohnung im Alten Schulhaus in der Kirchstraße zugeteilt bekam. Auch für Werners Fußballfreunde begann sich die Wohnsituation zu entspannen, nachdem die Stadt Salzgitter mit dem Wiederaufbau vorankam und 1956 ein Barackenräumprogramm aufgelegt wurde. So gingen mit der Watenstedter Barackenzeit allmählich die Kindheitstage und damit das Fußballspielen in Lederhosen zu Ende. Die Idole des Wunders von Bern aber sind in den Köpfen geblieben und zu Werner Scholz' großer Freude steht der Weltmeisterzug VT08 heute als Dauerleihgabe des Bahnmuseums Nürnberg im Lokpark der Braunschweiger Verkehrsfreunde.

Familie Scholz verließ Watenstedt 1957 und zog nach Lebenstedt in eine der Wohnungen, die 1939 zum Aufbau der Reichswerke „Herman Göring" für die Arbeiter gebaut worden waren.

Heinrich ist überall!

In der kleinen Außenstelle der Stadtbibliothek in der Grünewaldstraße fand die Leseratte Gisela Ende der 70er-Jahre ihre geliebten Schmöker. Beim Lesen der unterhaltsamen und spannenden Lektüre konnte sie den belastenden Alltag ausblenden. Und das Schönste war es, wenn sie sich mit einem Buch im „Fasanenhölzchen", einem kleinen zum Stadtpark gehörigen Waldstückchen, auf die breite Holzveranda des „Prinz Albrecht" zurückzog, ehe sie ihren Heimweg in die drangvolle Enge der Altbauwohnung am Altewiekring antrat. Der „Prinz Albrecht" war eine Gastwirtschaft, die ihre besseren Zeiten als Ausflugslokal für Spaziergänger hinter sich hatte. Außerhalb der Öffnungszeiten konnte Gisela hier ungestört sitzen, lesen und träumen.

Mit dem Namen Albrecht verband Gisela lange nur Männer der Vätergeneration. Ihr eigener Vater hieß Heinrich Albrecht, wurde aber nur Heini gerufen. Trotzdem hatte Gisela hatte ihn schon oft mit Stolz behaupten hören, dass er ja immerhin nach zwei großen Männern, dem Begründer des Braunschweiger Herzogshauses und einem kaiserlichen Prinzen, der übergangsweise Regent des Herzogtums gewesen sei, benannt worden sei.

Da Giselas Vater in seinem eigenen Leben nie richtig Fuß gefasst hatte und in seinem Beruf als Historiker zeitweise arbeitslos war, war Giselas Haupteindruck von ihm der eines Mannes, der in Unterhemd und Hose mit der Bierflasche in der einen und der Zigarette in der anderen Hand auf dem Sofa herumsaß. So hatte der Name Heinrich für sie keinen Glanz, die Abkürzung Heini gar etwas Verächtliches.

Eines Tages begegnete sie in einem Buch einem anderen Heinrich. Heinrich der Löwe – Löwe des Braunschweiger Landes. Und fortan lieh sie sich in der Bibliothek alles aus, was sie

Das Ausflugslokal Prinz Albrecht, heute Heinrich – Das Wirtshaus.

über diesen Heinrich und sein Land und seinen Kampf um die Kaiserwürde in die Hände bekommen konnte. Sein Herzogtum wurde in ihrer Fantasie ihr eigenes Königreich und deshalb war es unverzichtbar, dass sie alles darüber wusste.

Als Gisela in der 7. Klasse war – ihre Eltern hatten ihr nach der Fürsprache ihrer Grundschullehrerin tatsächlich den Besuch des nahen Wilhelm-Gymnasiums erlaubt, das seit Kurzem seine Türen für Mädchen geöffnet hatte – stand für sie fest, dass sie später einmal Geschichte studieren würde. Erstmals erzählte sie der Familie am Abendbrottisch von ihrer Leidenschaft für die Geschichte des Braunschweiger Landes und vor allem für Heinrich den Löwen. Ihr Vater, der andere Heinrich, blickte sie aufmerksam und mit zunehmendem Interesse an.

Am nächsten Tag nahm er seine Tochter zur Seite und fragte sie, ob sie Lust hätte, am morgigen Samstagnachmittag mit ihm mit der Bahn nach Königslutter zu fahren. Etwas überrascht willigte Gisela ein und am nächsten Tag stand sie mit ihm vor dem Kaiserdom, dessen Eingangstor von zwei Säulen tragenden Löwen bewacht wurde. Erst stockend, dann immer flüssiger, begann der Vater von Lothar, dem einzigen Kaiser der Süpplingenburger und Großvater Heinrichs des Löwen, der in dieser Kirche begraben lag, zu erzählen und Gisela sog jedes seiner Worte auf. Der Enkel, besagter Löwe, habe den Bau dieser prächtigen Kirche vollendet.

Zwei Wochen später, wieder an einem Samstag, reisten Vater und Tochter nach Goslar und besichtigten die Kaiserpfalz der Salier. Und wieder zwei Wochen später ging es zu den Überresten der Kaiserpfalz der Ottonen Werla bei Schladen.

Von nun an waren die Ausflüge Giselas mit ihrem Vater eine feste Größe. Wo man nur hinkam mit Bahn, Bus und Fahrrad, besuchte Vater Heinrich mit seiner Tochter Orte des Braunschweiger Landes, die Geschichte erzählten. „Heinrich ist überall", scherzte er und öffnete ihr die Augen für vergangene Zeiten und Epochen bis in die belastete Gegenwart.

Giselas Vater fand wenig später eine feste Anstellung in seinem Beruf als Historiker und Gisela kam nie wieder auf den Gedanken, ihn als „Heini" zu sehen. Der „Prinz Albrecht" trägt seit seiner Neueröffnung 2014 übrigens den Namen „Heinrich – das Wirtshaus".

Und samstags ins Museum

Das mehr als 250 Jahre alte naturhistorische Museum in Braunschweig, das älteste Naturkundemuseum in Deutschland, war schon vor Jahrzehnten eines der größten Attraktionen im Braunschweiger Land – für Kinder ebenso wie für Erwachsene. Thomas Franz war mit seinen Kindern fast zwanzig Jahre lang mehrmals im Monat, manches Mal jeden Sonnabendvormittag, dort. Die Besuche folgten einem festen Ritual. Vor dem Eingang wurde der Fischotter, eine bronzene Skulptur, die alle Kinder lieben, geherzt. Bereits kurz nachdem die Skulptur 1982 aufgestellt worden war, hatte sie vom Knuddeln blank gescheuerte Stellen.

Für Vater und Kinder ging es als Erstes hinunter zu den Aquarien und Terrarien, bei denen die drei Franz'schen Kinder versuchten, jede Art der gehaltenen Tiere zu finden. Das gelang sehr gut, da sie sich meist bereits am frühen Vormittag, kurz nach der Öffnung des Museums, einfanden. Dann waren die Tiere aktiv, wurden oder waren gerade gefüttert worden und hatten sich noch nicht in Höhlen, Spalten, Pflanzen und anderen Sichtschutz zurückgezogen, um den Blicken von Besucherscharen und besonders aber dem verbotenen, aber leider immer wieder vorkommenden Klopfen an die Scheiben, zu entgehen. Danach hing der weitere Weg von der aktuellen Stimmung ab. Oft ging es zuerst ganz nach oben in den Vogelsaal, wo etwas von den hummelgroßen Kolibris über verschiedene Sing-, Greif- und Rabenvögel bis hin zum Albatros mit drei Metern Spannweite zu erfahren war. Die scheinbar im Flug befindlichen Vögel waren in aufsteigender Größe aufgehängt worden.

Zu Ostern waren Hühnerküken meist seltener Rassen zu beobachten. Aber es kam noch besser, denn da die Familie Franz zu den ersten Besuchern gehörte, waren die Küken interessiert und kamen heran, um zu sehen, was für Wesen da herschauten. Und die Kinder durften das eine oder andere Flauschbällchen in die Hand nehmen!

Der 1961 eröffnete ehemalige Vogelsaal mit Beispielen für Vogelzug und Nestbau.

Regelmäßig ging es in den Insektensaal, in dem ein afrikanischer Termiten- und ein Waldameisenbau ausgestellt waren. Am spannendsten aber war eine Vitrine mit Blättern und indischen Blattschmetterlingen, die den Blättern zum Verwechseln ähnlich sahen und gleichsam untergemischt waren. Jedes Mal zählten die Kinder eifrig die Schmetterlinge. Inzwischen waren sie so fit, dass es ihnen gelang, den ungiftigen unter den giftigen Schmetterlingen, dessen Mimikry fast perfekt ist, zu entdecken. Eine große Attraktion war der Stereomikroskoptisch. Damit konnte die Familie die Details von Insekten, wie die Schuppen eines Schmetterlingsflügels, die an den Beinen befindlichen Trommelfelle einer Heuschrecke und viele andere Strukturen genau inspizieren. Schon am späten Vormittag war der Tisch hoffnungslos überbelegt.

Die Dioramen im ersten Stock mit Bibern, Hirschen, Rehen, Wölfen, dem letzen Luchs des Harzes bis zu seiner Wiederansiedlung und verschiedenen Vögeln waren für die Kinder immer interessant. Bei dem aus dem dunklen, dusteren Wald wie drohend herausschauenden Keiler hielten sie sich aber gar nicht gerne auf. An einigen Dioramen im Erdgeschoss gingen sie rasch vorüber, ohne einen Blick hineinzuwerfen. Der Uhu am Horst mit seinem Vorrat toter Ratten, einem erlegten Hamster und die an den Gedärmen eines verendeten Hasen zerrenden Kolkraben, waren für manches Kind und auch Erwachsenen zu gruselig. Aber direkt daneben lagen zwei niedliche Hasenbabys in der Sasse. Die beiden Kaninchenbabys im Bau schauten sich die Kleinsten gerne an.

Wenn es im Museum nicht zu voll war, ließen sich die Museumswärter von Thomas Franz gerne zu einem kleinen Plausch bewegen. Einmal scherzte er: „Wenn es hier jetzt auch noch Elefanten gäbe, wären meine Kinder hier ja gar nicht mehr hinauszubekommen. Die fanden sie nämlich neulich im Zoo so toll!"

Er erfuhr nie, ob es seine Anregung gewesen war, aber eines Tages entdeckte er tatsächlich einen Elefanten. Beim nächsten Besuch berichtete er seinen Kindern von dem spektakulären Neuzugang, der aber ein Geheimnis sei. Sie müssten ihn suchen. Daraufhin stürmten sie durch die drei Etagen und das Untergeschoss des Museums und fanden ihn, natürlich, nicht. Wo konnte sich ein riesiger Elefant in einem Museum verstecken? In einem der neueren Dioramen, in dem ein Waschbär auf einem Baumast stehend und darunter ein Marderhund auf dem Boden zwischen Grasbüscheln sitzend, ausgestellt wurden, lag unten rechts in das Moos eingebettet ein kleiner Plastikelefant. Zuerst waren beide Kinder etwas enttäuscht, mussten dann aber doch über den Spaß des zoologischen Präparators, der das Diorama hergestellt hatte, lachen. Ab sofort prüften sie bei ihren Besuchen, ob der kleine graue Plastikelefant noch auf seinem Platz lag.

Der 1965 eröffnete ehemalige Säugersaal mit einem sich drehenden Globus.

Jahre später, die Kinder waren längst erwachsen und Franz war mit seiner Frau zu einem Besuch ins Museum gekommen, entdeckte er freudig, dass es den Elefanten nach wie vor gab, dass aber ein weiterer Spaß dazugekommen war. In einer sehr großen, sieben Meter langen Geländeschnitt-Vitrine, einer Lebensrauminszenierung, die Tiere und Pflanzen einer Wiese zeigt, hatte sich eine loriotsche Steinlaus eingeschlichen!

Halt! Hier Zonengrenze

Große Teile des Landkreises Braunlage um das Kreisstädtchen, das, mitten im Hochharz gelegen, ursprünglich zum Landkreis Blankenburg des Herzogtums und späteren Freistaates Braunschweig gehörte, wurden nach dem Zweiten Weltkrieg von der britischen in die sowjetische Zone umgegliedert. Die Grenzlinie zur sowjetischen Zone verlief nun direkt östlich der Ortschaft. Bis 1972 war Braunlage Kreisstadt des niedersächsischen Landkreises Blankenburg.

Direkt an der Grenze in der Nähe der Stadt gab es eine Gaststätte mit dem Namen Fuchsfarm, von manchen Silberfuchsfarm genannt. Eine ehemalige Fuchsfarm war zu ihrem Namensgeber geworden. Seit 1925 wurden auf der anderen Seite der späteren Grenze Silberfüchse zur Pelzerzeugung gezüchtet. Diese Silberfuchsfarm wurde bis zur Beschlagnahme durch die sowjetische Kommandantur 1945 betrieben. Im Herbst 1950 brannten die Farmgebäude ab. Die Gaststätte diesseits der Grenze hatte einige Gehege und Käfige mit verschiedenen Tieren, u.a. Füchse. Faszinierend war der sich von den Käfigen ausbreitende Raubtiergeruch; er war so sagenhaft urzeitlich. So war die Gaststätte ein beliebtes Ausflugsziel und besonders für Kinder spannend, weil die Gestalt Reinecke Fuchs in vielen Fabeln und Märchen eine Rolle spielt. Im Märchen „Der Fuchs und das Pferd" der Brüder Grimm zeigt er Mitleid. Im Märchen „Der Fuchs und der Hase" und in „Der Fuchs und der Krebs" von Ludwig Bechstein wird er, der versucht zu überlisten, selbst überlistet. Dass er sich in Äsops „Der alte Löwe und der Fuchs" durch scharfe Beobachtung zu retten wusste, war ihm doch nicht vorzuwerfen? Wie sollte dieses kleine Tier der allervollendeste Spitzbube sein, wie er in Brehms Tierleben beschrieben wurde?

Genau hinter der Gaststätte verlief die innerdeutsche Grenze oder Demarkationslinie, wie sie bis 1956 selbst in der Deutschen Demokratischen Republik bezeichnet wurde. Befestigt war die Grenze zunächst nicht, sondern nur mit einigen Zeichen markiert. Aber die Besucher der Gaststätte wurden darauf hingewiesen, dass es streng verboten und geradezu gefährlich sei, einen Schritt zu weit zu tun. Man solle sich nicht täuschen lassen, wenn die dicht hinter der Gaststätte patrouillierenden Grenzsoldaten grüßten oder mit den Gaststättenbesuchern einige unverbindliche Worte wechselten. Die „Eisenschweine", wie die bei der Vorbeifahrt laut knatternden Motorräder genannt wurden, sowie die so anders aussehenden und riechenden Gelände- und Lastkraftwagen riefen den Erwachsenen ins Bewusstsein, dass die Landesteile wirklich getrennt waren. Die Kinder waren fasziniert. Nach und nach verschärfte sich die Situation an der Grenze. Grüßende Gesten blieben aus, ja nicht mal Kindergrüße wurden von den Grenzsoldaten erwidert, die in einem immer größer werdenden Abstand vorbeimarschierten. Ab 1961 wurde den Grenzsoldaten der Kontakt mit Grenzbesuchern aus dem Westen verboten. Der Brocken, den die Menschen aus dem Westen auf Spaziergängen und Wanderungen in Reichweite sahen und gerne bestiegen hätten, war für die Menschen in Ost und West unerreichbar wie der Mond.

Braunlage-Hohegeiß 1967: Einwohner beobachten DDR-Grenzsoldaten beim Setzen von Grenzsäulen.

Wie gefährlich die Grenze inzwischen tatsächlich geworden war, erfuhr man am 5. Juni 1962, als am Wurmberg ein junger Mann aus Blankenburg bei dem Versuch, die Grenze zu überqueren, erschossen wurde. Einer der Täter floh etwas später in den Westen und behauptete zunächst, von dem Vorfall nichts zu wissen. Jedoch wurde er von seinen eigenen Kameraden verpfiffen, die über den Zaun riefen, dass die westdeutschen Zöllner einen guten Fang gemacht hätten, da der Geflüchtete „hier im Sommer einen erschossen" habe.

Aber es entstanden auch lebenslange Freundschaften an der Grenze. So wie mit dem uniformierten Mann mit dem Schäferhund, der eines Morgens mit einem Familienvater am Tisch saß und den die Kinder als einen von den Grenzsoldaten aus dem Osten erkannten, der früher an der Gaststätte Fuchsfarm so freundlich gegrüßt hatte. Der Vater hatte ihn im Wald zwischen Wurmberg und Braunlage angetroffen und mit nach Hause gebracht.

Hexengeld und Teufelsküche

Die Geschichten und Sagen, die sich die Alten über den Elm, den Höhenzug im Norden des Braunschweiger Landes, erzählten, hatte Peter sozusagen mit der Muttermilch eingesogen. Doch war es nicht die Mutter, sondern seine Oma Gertrud, die dem mit großen Augen lauschenden Kleinkind von Burgen, Schlössern, Drachenbergen, Riesen, Elfen und Zwergen im nahen dunklen Wald erzählte.

Geboren und aufgewachsen war Peter in den späten 50er-, frühen 60er-Jahren in Evessen, in direkter Nachbarschaft zu den nach dem Krieg entstandenen Obstbaubetrieben am Südwesthang des Elms. Peters Eltern arbeiteten in Wolfenbüttel in der

Konservenfabrik Busch & Barnewitz, und so verbrachte Peter viel Zeit mit seiner Großmutter und dem kleinen Terrier-Mischling Felix.

Der Hund verdankte sein Leben und seinen Namen dem Umstand, dass Peter zur richtigen Zeit am richtigen Ort gewesen war. Felix war als einer von sieben Welpen in einem Wurf auf dem Bauernhof gegenüber dem elterlichen Häuschen zur Welt gekommen. Nach der Geburt war der Kleine zu schwach, um sich einen Platz an den Zitzen der Mutter zu erkämpfen.

„Das erledigt sich von selbst", sagte die Bäuerin mit einem gleichgültigen Achselzucken, als Peter sie besorgt darauf hingewiesen hatte, dass der kleine Welpe nicht zu den Zitzen gelangte. „Sind sowieso zu viele und wir haben noch gar nicht für alle Abnehmer." Peter fragte, ob er den Hund mitnehmen dürfe und die Bäuerin griff kurzerhand, ohne dass die Hündin es bemerkte, nach dem schwachen Welpen und legte ihn Peter in den Arm.

Zu Hause hatte Peter allerdings einige Überzeugungsarbeit zu leisten, um den Welpen behalten zu dürfen. Schließlich entschied Oma Gertrud pragmatisch: „Der überlebt sowieso nicht, aber wenn der Peter es schafft, dann hat er einen Hund verdient!" Peter schaffte es und seitdem waren Peter und der Terrier Felix unzertrennlich.

Je größer Peter wurde, desto freier durfte er sich in Begleitung von Felix ohne die Aufsicht seiner Großmutter bewegen. Ihn lockten nicht die Obstwiesen und Felder, sondern, als wenn ein Magnet darin verborgen gewesen wäre, der dunkle Wald, der sich über dem Dorf erhob. In seiner ausgeprägten Fantasie warteten dort all die Sagenwesen aus den Geschichten seiner Oma und das weckte seinen Abenteuergeist.

Anfangs war es vor allem der nahe Steinbruch am Waldesrand. Ganz und gar selbstvergessen konnte Peter im Muschelkalk nach fossilen Resten von Weichtieren, Muscheln, Armfüßern

Bachschwinde (Ponor) des Bächleins Mönchespring. Nur einige Dutzend Meter nach der Quelle verschwindet das Gewässer in dieser kleinen Öffnung.

und Schnecken suchen. Besonders das Hexengeld hatte es ihm angetan – versteinerte, ringförmige Stielglieder der Seelilien, die in früheren Zeiten zu Halsketten verarbeitet worden waren. Sagt man. Aber in Wirklichkeit, das hatte ihm seine Oma erzählt, war es die Währung der Hexen, die aus dem Elm zum nahen Blocksberg (Brocken) im Harz flogen.

Seine Neugier trieb ihn tiefer in den Wald und er eroberte sich zusammen mit Felix, den er an der Leine führte, mehr und mehr lange Wege durch den dunklen Wald. Mit einer Tasche von Hexenpfennigen war sein Lieblingsziel der Drachenberg. Hier hoffte er, irgendwann einmal auf Spuren des Hexenvolkes, das sich laut Oma oft um den Drake, also Satan, versammeln sollte, zu treffen. Peter setzte seine Schritte in dem Bewusstsein, dass sich jederzeit die Erde unter ihm auftun und er auf Nimmerwiedersehen darin verschwinden könnte. So wie der reiche geizige Mann vor Königslutter samt seiner Kutsche und der Pferde in einem Loch versunken war, das sich anschließend mit Wasser füllte.

Um die Düwelsköke (Teufelsküche) und die Hölle, die oberhalb des Reitlingtales lagen, machte er bewusst einen großen Bogen. Sie waren ihm zu unheimlich und es könnte ja sein, dass er in dem Gebräu des Teufels versinken würde.

Peter war schon zehn Jahre alt, als er auf einem Frühlingsspaziergang mit seinen Eltern erkannte, dass der sagenumwobene dunkle Wald mit seinen Geistern und Fabelwesen nur die eine Seite der Medaille war. Nachdem sie von Evessen am Waldrand entlang nach Erkerode gewandert waren, stiegen sie entlang des Bächleins Wabe das Reitlingstal empor. Peters Vater war fasziniert von den frühgeschichtlichen Ringwallanlagen, deren Spuren man in der Nähe der Teiche besichtigen konnte. In Peters Fantasie vermischten sich die Erläuterungen des Vaters, wie die Menschen diese Anlagen als Fluchtburgen genutzt hatten, mit den Geistergeschichten seiner Oma.

Klar, dachte sich Peter, die Menschen mussten Schutz suchen, wenn in früheren Zeiten die Hexen und der Drake zur Walpurgisnacht ihr Unwesen trieben.

Am Ende des Taleinschnittes, auf einer Höhe von fast 300 m, betrat die Familie einen Pfad, der in den Wald hineinführte. Durch das sehr junge, frische Grün der Buchen glitzerten geheimnisvolle Wasserflächen. Peters Vater erwähnte beiläufig, dass dort drüben die Hölle, die Teufelsküche und eine Bachschwinde liegen. Peter erschrak. Nun waren sie so nahe an die Stellen gekommen, die er bisher gemieden hatte. Aber in der Begleitung seiner Eltern fühlte er sich recht sicher.

„Was ist eine Bachschwinde?", fragte er den Vater.

„Oh, da verschwindet ein Bachlauf in einem Erdfall. Man weiß bis heute nicht wirklich, ob er irgendwo wieder an die Oberfläche kommt."

„Und was ist ein Erdfall?", wollte Peter wissen.

„Ach, davon gibt es hier im Elm sehr viele, Hunderte. Der Untergrund besteht an vielen Stellen aus Gips und Salzen im Wechsel mit wasserstauenden Tonschichten. Mit der Zeit werden Gips und Salz durch die gestauten Wassermassen ausgelaugt und es entstehen unterirdische Hohlräume, die einbrechen können. So entstehen Trichter, die sehr tief sein können. In diesen Trichtern sammelt sich dann wieder Regenwasser, das sich wiederum seinen Weg durch darunterliegende Schichten brechen kann. Ein ganzer Bach kann im Erdboden verschwinden."

Peter erkannte, dass ihm sein Vater eine ganz nüchterne Erklärung für die Entstehung des Kutscherloches bei Königslutter lieferte. „Dass hier überall so viel Wasser auf dem Waldboden steht, hat übrigens auch mit den Tonschichten zu tun, die ein Absickern verhindern. Das kann, wenn die Nebel aus den Wassern steigen, schon wie eine rechte Teufelsküche wirken!"

Sumpf der Teufelsküche, die Quelle des Mönchespring.

So ganz wollte sich Peter von den Fantasien seiner Kindheit nicht verabschieden und er beschloss, sehr bald allein mit Felix zurückzukommen, um die Gegend genauer zu untersuchen.

Diesen Plan setzte er wenige Tage später um. Diesmal lief er gezielt durch den Wald zur Teufelsküche. Felix lief mit wehenden Ohren begeistert an der Leine neben ihm her. Aber einige Dutzend Meter vor seinem ersten Ziel, dem Trichter mit der Bachschwinde, stolperte Peter über eine Wurzel und das Ende der Leine glitt ihm aus der Hand. In dem Hund war durch den raschen Lauf der Jagdtrieb voll entbrannt und er lief weiter, ohne auf die Rufe von Peter zu hören. Peter sah, wie sein Hund über den Rand des Erdfalls verschwand und hörte ihn zweimal bellen. Als er sich aufgerappelt und die nasse Erde notdürftig von seiner Kleidung abgeklopft hatte, lief er Felix hinterher. Er erreichte den Rand des Erdfalls und versuchte durch das junge Grün der umstehenden Bäume Felix zu erspähen. Keine Spur von dem Hund. Vorsichtig stieg Peter die Wand des ziemlich großen und tiefen Erdfalles hinunter, bis er den Grund des kleinen Bachlaufs erreichte. Wenige Meter weiter verschwand der Bach in einem Loch unter einer schrägen Steinplatte. Peter starrte das Loch an und watete, ohne die Nässe zu beachten, die durch seine Stiefel drang, durch den Wasserlauf bis zu dem Loch, bückte sich und spähte hinein.

„Felix, Feeeelix", rief er. Stille. Nun legte sich Peter einfach in das eiskalte Wasser, um seinen Kopf und die Schultern in die Öffnung des Loches zu zwängen und starrte in die Düsternis.

„Feeeelix!", rief er schluchzend. Und immer wieder „Feelix!"

Keine Antwort. Wassergeister und Nixen schienen den Hund in ihr unterirdisches Reich geholt zu haben. Nein, die gab es doch gar nicht, daran glaubte Felix doch längst nicht mehr!

Für Peter stand fest nun, dass er Felix wohl verloren hatte, denn dieser Wasserlauf würde nicht mehr an die Oberfläche treten, wie der Vater erklärt hatte. Wenn Felix nicht mehr erschien, war er längst ertrunken oder fand nicht mehr heraus. Vor Kälte zitternd und schlotternd, Rotz und Wasser heulend, machte sich Peter endlich auf seinen einsamen Heimweg. Zu Hause packte ihn seine erschrockene Oma zuerst ins heiße Badewasser und dann mit einer Wärmflasche ins Bett. Zutiefst erschöpft schlief Peter ein.

Am nächsten Morgen wachte Peter davon auf, dass ihm etwas Nasses über die Wange fuhr. Peter schlug die Augen auf und erkannte einen putzmunteren Felix, der sich schwanzwedelnd mit den Vorderbeinen auf der Bettkante abstützte.

Oma betrat das Zimmer mit einer dampfenden Tasse Kakao. „Den Felix haben heute Morgen Leute bei der Gütte (ein wassergefüllter Erdfall) von Langeleben gefunden. Die Leine hatte sich an einer Wurzel verfangen und Felix konnte sich wohl nicht mehr losreißen. Dann wollen wir mal hoffen, dass es nicht eine der zwölf Nächte war, in denen die wilde Jagd ihre Pferde in der Gütte tränkt. Denn wer sie dabei stört, muss bis zum jüngsten Tag jagen!"

Kleiner Grenzverkehr in Helmstedt-Marienborn

Nachdem der Eiserne Vorhang Ende der 40er-Jahre zugezogen wurde und das Braunschweiger Land teilte, wurde die innerdeutsche Grenze letztlich bis zur Undurchlässigkeit geschlossen. Die Teilung riss Familien, die nur wenige Kilometer voneinander entfernt lebten, auseinander. Dabei blieb es bis in die 70er-Jahre. Die Ostpolitik des Bundeskanzlers Willy Brandt, der hierfür später den Friedensnobelpreis erhielt, erkannte im Grundlagenvertrag die Tatsache der Staatlichkeit der Deutschen Demokratischen Republik an. Hierdurch wurde der Weg für ein Verkehrsabkommen zwischen der Bundesrepublik Deutschland und der Deutschen Demokratischen Republik geebnet, das in einem Zusatzprotokoll den sogenannten kleinen Grenzverkehr ermöglichte. Im Braunschweiger Land war es der Übergang Helmstedt-Marienborn, der gleichzeitig der wichtigste Transitübergang nach West-Berlin war. Ausdrücklich offen gelassen wurden Fragen der Staatsangehörigkeit, was praktische Auswirkungen haben konnte.

Für die Einreise in die „Täterä" (DDR) oder „Zone", wie der andere deutsche Staat in Westdeutschland genannt wurde, musste neben dem Reisepass ein Mehrfach-Berechtigungsschein vorgelegt werden, der von den Behörden der Deutschen Demokratischen Republik ausgestellt wurde. In der Karte von Wilfried Hagedorn war als Staatsangehörigkeit „BRD" notiert. Sorgfältig darauf bedacht, keine formalen Fehler zu begehen, schrieb er mit einem dicken Filzstift „deutsch" darüber.

Als das Auto neben dem ersten Grenzer stehen blieb, kurbelte Hagedorn das Fenster an seiner Seite herunter, grüßte den Mann mit einem freundlichen „Einen wunderschönen Tag wünsche ich", und bat seine neben ihm sitzende Frau: „Gib dem Beamten doch bitte die Papiere."

„Hier gibt es keine Beamten, wir sind ein Arbeiter- und Bauern-Staat!", wurde er streng belehrt.

„Dann gib dem Bauern doch bitte die Papiere."

Der Grenzer lief rot an und nahm mit einem barschen Ruck die Papiere entgegen.

„Die Staatsangehörigkeit ist BRD, nicht deutsch. Korrigieren Sie das!"

„Aber in meinem Reisepass steht auch deutsch. Sehen Sie!"

„Dann korrigieren Sie auch das in BRD!"

Der antifaschistische Schutzwall mit Panzersperren, die Richtung Osten weisen.

„Das darf ich nicht, das wäre Urkundenfälschung."
Daraufhin wurde ein Vorgesetzter hinzugezogen. Die Diskussion ging hin und her, die anderen Wartenden fingen an zu maulen, bis schließlich ein ranghöherer Offizier geholt wurde, der seinen Mitarbeiter anwies, in dem Mehrfach-Berechtigungsschein „deutsch" zu streichen und BRD zu notieren. Letzterer kam dem nach, indem er mit ganz kleiner Schrift und mit Bleistift den Befehl ausführte.
Der Abfertigungsaufenthalt dauerte mehrere Stunden. Einige vom Auto demontierte Teile musste Wilfried Hagedorn zu Hause durch eine Werkstatt wieder anbringen lassen. Aber einreisen durfte er schließlich doch.
Nun konnten sich Familien zwar wieder begegnen, nicht aber, wenn sie im Sperrbezirk entlang der Grenze zur Bundesrepublik wohnten. Wollte man sich sehen, traf man sich in einer außerhalb gelegenen Gaststätte.
Dem Raum eines Restaurants, in dem sich die Mitglieder der Familie von Wilfried Hagedorn treffen wollten, schloss sich ein weiterer Speiseraum an. Da im vorderen Raum die meisten Tische besetzt waren, ging die Gruppe von Wilfried Hagedorn, die zuerst angekommen war, schnurstracks nach hinten. Den Stuhl, der im Durchgang stand, stellten sie beiseite. Daraufhin herrschte einer der Kellner sie an: „Der Raum ist abgesperrt, haben Sie das nicht gesehen? Der Tisch wird Ihnen zugewiesen!" – „Da stand doch nur ein Stuhl." – „Das war die Absperrung!" Da erkannte der Mann, dass es Gäste aus der Bundesrepublik waren und sie durften sich, wohl in der Hoffnung auf ein Trinkgeld in westdeutscher Währung, an einen der Tische setzen.

Kulturschock in Braunschweig

Beate, geborene Braunschweigerin, hatte ihre Jugendjahre in einem kleinen Dorf in Mittelfranken verbracht, kehrte aber nach dem Abitur, ziemlich genau 30 Jahre nach Kriegsende, ins Braunschweiger Land zurück, aus dem ihre Familie ursprünglich stammte. Um genau zu sein, mitten in die Braunschweiger Innenstadt. Dorthin hatte sie ihr Großonkel gelockt, weil er, ehemals Buchhändler, ihr eine Lehrstelle in einer angesehenen Buchhandlung vermitteln konnte.

Noch über 40 Jahre später spürt Beate den Kulturschock nachbeben, wenn sie über die ersten Monate nachdenkt. Der Wechsel von dem kleinen 500-Seelendorf in einer lieblichen fränkischen Landschaft, das gerade erst begann, sich aus einem dörflichen Dornröschenschlaf zu erheben, in eine Stadt, die nach Bomben und Zerstörung noch längst nicht wieder ihr Gesicht gefunden hatte, war kaum zu beschreiben.

Braunschweig, nicht eben eine Metropole, lag bis Ende der 80er-Jahre wegen der nahen Grenze zum Osten zwar selbst in einer Art Dornröschenschlaf, doch für Beate war allein das städtische Straßenwesen, der viele Verkehr und das Einbahnstraßensystem zunächst ein Hinderungsgrund, sich mit dem Fahrrad auf den Weg von der Wohnung des Onkels an den nördlichen alten Wallanlagen der Stadt zur Buchhandlung in der Fußgängerzone zu machen. So ging sie oft zu Fuß quer durch die Innenstadt zur Arbeit. Auf den Wallanlagen selbst waren die meisten Häuser aus dem 19. Jahrhundert von der Bombenzerstörung weitgehend verschont geblieben und das Magniviertel bot einen zwar städtischen, doch durchaus idyllischen Anblick mit seinen Fachwerkbauten. Über einen kleinen verschlafenen Platz vor der ehrwürdigen gotischen

Denkmalgeschützte Leuchtwerbung aus den 60er-Jahren für ein Bankinstitut am Bohlweg.

Magnikirche, die ihre Kriegswunden trug, doch bereits wieder instandgesetzt worden war, verließ Beate das Viertel und tauchte, nachdem sie eine kurze Gasse durchschritten hatte, in eine völlig andere Welt ein. Anstatt beschaulicher, historischer Enge plötzlich moderne Weite.

Gleich links neben ihr das gerade erst errichtete moderne Horton-Kaufhaus mit seiner charakteristischen Kachel-Fassade. Vor ihr, nachdem sie durch einen Fußgängertunnel eine vierspurige Verkehrsader unterquert hatte, der modern in 70er-Jahre-Manier gestaltete Schlosspark mit den Säulenkapitellen des im Krieg zerstörten und 1960 endgültig abgerissenen Schlosses in den modernen Betonbrunnen. Nachdem sie den Park diagonal durchquert hatte, ging es entlang des Bohlwegs mit seinen hastig nach dem Krieg errichteten Zweckbauten, mit den ersten Pizzastationen, vor denen sich die Schüler in ihren Freistunden trafen, und den Straßenbahnschienen. Die Achse vom Bohlweg zum Burgplatz war einfach nur ein gesichtsloser Weg für Beate, obwohl sie zur rechten Hand ja immerhin vom neugotischen Rathaus gesäumt wurde.

Der Burgplatz mit dem Braunschweiger Löwen auf seinem Sockel und dem mächtigen „Dom" war zu dieser Zeit kein Anziehungspunkt für Touristen aus aller Welt und trotz seiner historischen Würde nur ein stiller, von Tauben bevölkerter Platz, den es zu überqueren galt, um danach in die moderne Fußgängerzone zu gelangen, deren Hauptgeschäfte Hertie und Karstadt waren. Ansonsten ein Kino, eine Apotheke, zwei Schmuckgeschäfte und kleinere Kneipen. Die Häuser, die die recht schmucklose Zone säumten, waren eine Mischung aus verbliebenen Fachwerkhäusern und modernen, etwa vierstöckigen, nach dem Krieg hochgezogenen Zweckbauten. Durch eine Querachse blickte man auf riesige Trümmer-Grundstücke, die geebnet und halb befestigt als Parkplätze dienten.

Straßenbahn am Bohlweg mit dem Kaufhausgebäude von 1974 mit der denkmalgeschützten Wabenfassade, den Hortenkacheln.

Fast am Ende der Fußgängerzone lag endlich die familiengeführte Buchhandlung, die sich nach einem schwierigen Neubeginn Ende der 50er-Jahre fest hatte etablieren können.
Beate erkannte erst Jahre später, welch große Chance ihr der Großonkel mit seiner Vermittlung eröffnet hatte. Zunächst litt sie nur unter Heimweh. In Bayern war sie auf ein supermodernes, helles, als Sammelpunkt für ein großes Umfeld von Dörfern erbautes Ganztags-Gymnasium gegangen. Ihre Mitschüler waren meist Bauernkinder, die in erster Generation unverbraucht und sehr motiviert von der bildungspolitischen Öffnung in die Moderne profitiert hatten. In der Buchhandlung begegnete sie hauptsächlich lässiger Selbstverständlichkeit des städtischen Bildungsbürgertums gepaart mit der Braunschweigischen Sturheit beziehungsweise ostfälischen Dickschädeligkeit und wagte selbst in Kundengesprächen kaum den Mund aufzumachen. In Bayern oft scherzhaft „Saupreußin" betitelt, was sie immer

sehr geärgert hatte, wurde sie hier als bayrisches Mädel eingeordnet, da sie die mittelfränkische Klangfärbung nicht sofort ablegen konnte.

Allmählich tat sich ihr jedoch die Erkenntnis auf, dass Braunschweig nie zu Preußen gehört hatte und so begann sie sich systematischer mit der Geschichte ihrer Heimatstadt und des Landes drum herum zu beschäftigen. Durch einen Zufall entdeckte sie darüber hinaus eines Tages, dass die Vorfahren derjenigen, die sie in Franken als Preußin tituliert hatten, viel eher Preußen gewesen waren. Die protestantischen Markgrafschaften, die einen großen Teil des heutigen mittelfränkischen Gebietes ausmachen, waren 1792 vom Markgrafen Carl-Alexander von Brandenburg-Ansbach an das Königreich Preußen verkauft worden. Das versöhnte sie auf lustige Weise mit ihrem Kinderärgernis. Sie begann Braunschweig mit seiner Geschichte, seinen vielen wiederhergestellten gotischen Kirchen, seinen verheilten, mancherorts aber sehr vernarbten Wunden zu lieben und taucht heute gerne in das Leben auf dem Bohlweg und dem Platz vor dem wieder errichteten Schloss und in den Fußgängerzonen ein.

Das Ende der Straßenbahnlinie A

Marlene wohnte mit ihren drei Brüdern, ihrer Mutter und ihrem Stiefvater in der Böcklerstraße in Braunschweig. Von ihrer beengten Wohnung aus war es nicht sehr weit zur Straßenbahnhaltestelle am Heinrich-Büssing-Ring. Für 60 Pfennig, nicht eben wenig Geld in dieser Zeit, konnte man von dort aus mit der Linie A nach Wolfenbüttel fahren. Und Wolfenbüttel bedeutete für Marlene, dass sie hinaus aus der Enge in die Weite kam. Ihre Großeltern bewohnten in einem Neubaugebiet eine zwar kleine, aber lichte, neue 3-Zimmerwohnung mit Balkon. Allein die Fahrt dorthin, die, nachdem die Bahn die Vororte Melverode und Stöckheim passiert hatte, durch das Lechlumer Holz am verwunschen im Wald liegenden Sternhaus vorbeiführte, bis man den Neuen Weg erreichte, war für Marlene ein Hochgenuss. Der Neue Weg hieß Neuer Weg, weil der den Alten Weg, die historische Straße zwischen Wolfenbüttel und Braunschweig „links liegen" gelassen hatte. Das hatte ihr ihr Opa erklärt (wobei er gerne ausließ, dass die Straße einige unselige Jahre „Adolf-Hitler-Straße" geheißen hatte). Weil der Opa ins Übersprudeln kam, wenn man ihn auf das alte Wolfenbüttel ansprach, wusste Marlene auch, dass es bis vor rund 100 Jahren ein Lustschlösschen namens Antoinettenruh im Lechlumer Holz gegeben hatte. Besonders konnte sich Marlenes Opa für die rund 200 Jahre währende „Zeit der Glorie Wolfenbüttels" erwärmen. So nannte er die Jahrhunderte, in denen die Herzöge von Braunschweig-Wolfenbüttel in Wolfenbüttel residiert hatten.

Marlene stieg auf dem Weg zu ihren Großeltern meistens in der Langen Herzogstraße aus. Hier wurde sie nämlich von ihrem Opa abgeholt, der vorher meistens in der Herzog August Bibliothek über irgendwelchen Büchern gebrütet hatte. War es Sommer und warm, empfing er sie mit den Worten: „Wir gehen bei der Milchbar vorbei. Ist ja 'ne Affenhitze heute!" Und sie machten sich die paar Schritte zu „Max und Moritz" auf, wo Marlene sich eine Bananenmilch bestellen durfte. Im Winter zog der Großvater meist ein Kräuterbonbon aus der Tasche und steckte es Marlene mit den Worten „Lutsch das, damit du bei der Kälte den Mund zuhältst!" in den Mund. Dann machten sich die beiden auf zu einem kleinen Streifzug durch die Altstadt Wolfenbüttels, kreuzten dabei die Straßenbahnschienen an den Krambuden und im Großen Zimmerhof, kauften hier eine Zeitung, dort den Tabak und zuletzt in der kleinen Stadtbäckerei Kuchen. An der Stelle, an der die Straßenbahn im Zimmerhof die Oker auf der winzigen Brücke eingleisig überquerte, hielten sie an und fütterten die Enten mit altem Brot, das die Oma nicht mehr verwenden wollte. Dann machten sie sich mit der Straßenbahn zurück auf den Weg zu Oma.

Marlene war 11 Jahre alt, als sie sich wieder einmal nach Wolfenbüttel aufmachte. An der Haltestelle in der Langen Herzogstraße verabschiedete sie sich fröhlich von der Schaffnerin Frau Priesemann, die sie nun schon recht gut kannte, die ihr heute aber ein wenig bedrückt vorgekommen war.

Auch ihr Opa machte heute keinen besonders glücklichen Eindruck. Seine Hände fuhren nicht in die Tasche um ein Kräuterbonbon herauszuziehen. Recht bald sollte Marlene erfahren, warum heute alle so niedergeschlagen erschienen. Am Morgen hatte es in der Zeitung gestanden: die Straßenbahn wird abgeschafft und durch eine Buslinie ersetzt. Nur noch ein halbes Jahr – am 1. Juli 1954 würde die Straßenbahn ein letztes Mal fahren, danach würden die Gleise abgerissen werden.

Marlene war entsetzt. Keine Fahrten mehr nach Wolfenbüttel? „Nein, nein, du kannst dann den Bus nehmen!", beruhigte ihr Opa sie. „Das ist doch der Sinn der Sache. Die Firma Büssing will Busse verkaufen", schnaubte er aber gleich empört. „Bald stinkt die ganze Stadt nur noch nach Abgasen!"

Obwohl sehr viele Menschen sehr traurig darüber waren, dass die Straßenbahn aus dem Stadtbild verschwinden würde – nicht zuletzt die Schaffnerin Frau Priesemann, wie sie Marlene mit viel Gefühl versicherte –, war es am 1. Juli tatsächlich so weit. In Braunschweig fuhr der erste Omnibus mit Anhänger in Richtung Wolfenbüttel los. Fast zeitgleich fuhr vom Bahnhof in Braunschweig die letzte blumengeschmückte Straßenbahn der Linie A nach Wolfenbüttel. In dieser saß Marlene und sah neben Frau Priesemann und dem anderen Schaffner der Linie, Herrn Wünschierß, viele andere bekannte Gesichter. Was für einen Auftritt die Bahn zum Abschied bekam! Hunderte von Menschen säumten die Straßen Wolfenbüttels und winkten.

In der Bahnhofstraße wurden beide Transportmittel mit Applaus in Empfang genommen und Marlene wusste nicht genau, wem er mehr galt, der alten Bahn oder dem neuen Bus, in dem die Ratsherren aus beiden Städten sowie Vertreter des Verwaltungsbezirks und des Stadtwerkeausschusses saßen. Sie spürte allerdings, dass an diesem Tag für sie ein Abschnitt in ihrem Leben zu Ende gegangen war, den sie für immer mit den goldeneren Tagen ihrer Kindheit verbinden würde.

Begegnungsverkehr im Lechlumer Holz.

Als Gorbatschow die Windmühlen in Gifhorn besuchte

Elke Kranz war seit der berauschenden Monate von Perestroika und Glasnost glühende Verehrerin von Michael Gorbatschow. Nach Grenzöffnung und Wende hatte es sie aus beruflichen Gründen von Sachsen-Anhalt nach Braunschweig verschlagen und sie wohnte mit ihrer kleinen Tochter in einem Dorf zwischen Braunschweig und dem Heidestädtchen Gifhorn.
„Stell dir vor, Michail und Raissa kommen nach Gifhorn! Das ist nur ein paar Kilometer von hier!", erzählte sie eines Tages ihrer Schwester, mit der sie täglich telefonierte. „Da muss ich hin!"
„Das hast du sicher falsch verstanden", erwiderte Claudia, „was sollen die denn da?"
„Sie legen den Grundstein für irgend so ein Gebäude im Windmühlen-Museum."
„Das kann ich mir gar nicht vorstellen. Der hat doch sicher immer noch ganz andere und wichtigere Sachen zu tun!"
Elke ließ nicht locker und brachte in den nächsten Tagen Genaueres über diesen angeblich anstehenden Besuch in Erfahrung. Und tatsächlich, es stimmte: Horst Wrobel, der äußerst findige und engagierte Begründer des Mühlenmuseums, pflegte seit Jahren regen Kontakt nach Osteuropa. Mit der Einweihung der ukrainischen (damals noch sowjetischen) Windmühle „Natascha" am 4. September 1988 im Internationalen Mühlenmuseum hatte es begonnen. Eines war zum anderen gekommen und Horst Wrobel begann mit der Planung eines Europäischen Kunsthandwerker-Instituts, für dessen Schirmherrschaft er bei einem Besuch in Moskau sogar Michail Gorbatschow gewinnen konnte. Einen Monat später stellte der Direktor des Instituts für Kulturforschungen in der Gorbatschow-Stiftung Prof. Valentin

Tolstych, der die bereits im Bau befindliche russisch-orthodoxe Holzkirche des Heiligen Nikolaus besichtigte, den Besuch Gorbatschows in Aussicht. Das Versprechen wurde gehalten und am 19. September 1996 sollte es so weit sein.

Doch wie könnte Elke an diesem Ereignis teilnehmen? Sicher war die Gästeliste begrenzt und viele andere Menschen würden vor ihr den Vortritt haben. Sie war mit den Recherchen für die Lösung ihres Problems nicht weit gekommen, als ihre Tochter Saskia, eines Abends beim Zubettgehen verkündete: „Wir tanzen bald vor einem großen russischen Politiker!"

Die Siebenjährige gehörte seit einiger Zeit einer Kindervolkstanzgruppe an und war mit Begeisterung dabei. In Elkes Kopf begann es zu rotieren.

„Wann soll das denn sein?", fragte sie Saskia, die schon fast eingeschlafen war.

„In'nen paar Wochen", erwiderte Saskia schlaftrunken.

„Und wo?"

„In so 'nem Museum."

Elke war schlagartig klar, dass sie das unfassbare Glück hatte, die Mutter eines Kindes zu sein, das anlässlich der besagten Grundsteinlegung mit Michail Gorbatschow mit seiner Volkstanzgruppe vor dem berühmten Mann tanzen würde. Und sie als Mutter würde ihr Kind natürlich dorthin begleiten!

Sobald Saskia eingeschlafen war, eilte Elke ans Telefon und rief die Leiterin der Volkstanzgruppe an.

„Ja, das stimmt. Am 19. September. Das ist ein Donnerstag. Ich bin gerade dabei, die Elterninformation fertig zu machen. Die soll morgen in die Post", erklärte diese.

„Also, Saskia ist dabei, das kann ich schon mal sagen. Ich nehme mir Urlaub und bringe sie und kann vielleicht noch andere Kinder mitnehmen, wenn die Eltern nicht können", legte Elke sofort nach.

Vor der St. Nikolaus Kirche fand der Empfang Michail Gorbatschows statt.

„Ja, das ist sehr nett. Dann plane ich das ein!", freute sich die Leiterin.

Als der Brief mit der Elterninformation ankam, wurde Elke klar, dass sie mit ihrem spontanen Angebot ja noch gar nicht geklärt hatte, ob sie denn auch wirklich auf das Gelände des Windmühlen-Museums gelassen werden würde. Auf dem Parkplatz wollte sie wahrhaftig nicht warten. Und tatsächlich war eigentlich nicht vorgesehen, dass die Eltern der tanzenden Kinder unter den geladenen Zuschauern sein sollten. Doch gegen Elkes Entschlossenheit kamen die Veranstalter nicht an und schließlich hatte man ein Einsehen. Die Anwesenheit der Eltern hatte den Vorteil, dass sie zum reibungslosen Ablauf des Programms beitragen könnten, denn die Kinder sollten während der Reden ruhig sein und nicht stören.

Eine Woche vor dem Tag, dem Elke so entgegenfieberte, wurde Saskia krank. Sie konnte bei den letzten Proben nicht dabei sein und es stand sogar auf der Kippe, ob sie überhaupt mit zum Mühlen-Museum würde kommen können. Elke, eine ohnehin sehr liebevolle und besorgte Mutter, nahm die ganze Woche Urlaub, pflegte und päppelte ihre Tochter und führte besorgte Gespräche mit der Leiterin der Volkstanzgruppe. Und tatsächlich war das Kind am Mittwoch wieder so fit, dass Elke ihre Teilnahme am nächsten Tag erleichtert zusagen konnte.

Zuschauer, Volkstänzer und Veranstalter trafen schon eine Weile vor Beginn der Grundsteinlegung auf dem Gelände vor der prächtigen Holzkirche des Heiligen Nikolaus ein. Ein eisiger Wind fegte über den Platz und die Kinder behielten erst mal ihre Jacken über der Tracht an. Besorgt beobachtete Elke ihre Tochter, die fröstelnd und schaudernd die Schultern hochzog. Endlich kamen die erwarteten Ehrengäste und das Festprogramm begann.

Michaiil Gorbatschow und seine Frau Raissa waren, ebenso wie das Gastgeberpaar Wrobel, in warme Mäntel gehüllt. Einen kleinen Moment hatte Elke das Gefühl, dass ihr Idol sie und ihre kleine Tochter direkt anblickte. Er begann seine Rede mit den Worten: „Obwohl es recht kalt ist und ich Mitgefühl mit den frierenden Kindern habe, ist der Anlass, dieses Ereignis hier so wichtig, dass es eine ernsthafte Rede erfordert."

Von der nicht allzu langen Rede behielt Elke nur die Worte „wir haben ein sehr schönes, aber schwierig zu erreichendes Projekt: das vereinte Europa, das wir alle so sehr brauchen. Es ist das gemeinsame Haus Europa" im Gedächtnis, denen sie aus vollem Herzen zustimmte. Und dann kamen die Worte, die er direkt an Saskia und die kleinen Mittänzer richtete: „Vielen Dank an euch Kinder. Ich denke, dass ihr auf einen guten Tanz wartet, damit euch warm wird!"

Das ist seine Größe, dachte Elke, zur rechten Zeit genau die Richtigen anzusprechen. Dankbar lächelte sie Michail Gorbatschow an und der zwinkerte ihr zu, ganz sicher!

Wartburg mit Telegrammantrieb

Als Michael und Beate im September 1989 ein befreundetes Ehepaar in Dresden besuchten, ahnten sie nicht, dass die seit Monaten durchgeführten Montagsdemonstrationen in Leipzig und die Ausreisewelle von Bürgern der Deutschen Demokratischen Republik über die Botschaft der Bundesrepublik Deutschland in Prag und über Ungarn zu einem Entwicklung führen sollten, die kaum jemand für möglich gehalten hätte. Michael war wegen einer Gemeindepartnerschaft, der sich seine Eltern in ihrer Kirchengemeinde in Salzgitter angeschlossen hatten, von klein

auf mit der Dresdnerin Christiane befreundet. Die späteren Ehepartner wuchsen in diese Freundschaft hinein.
Uwe, der Dresdner Freund, erzählte bei diesem Besuch im September zornig, dass er bald nicht mehr mit ansehen könnte, wie viele das Land über Ungarn verließen, anstatt sich für ihr Heimatland einzusetzen. Inzwischen betraf die Ausreisewelle sogar schon den eigenen Freundeskreis. Michael und Beate wirkten angesichts der Sorge um die befreundete Familie mit ihrer kleinen Tochter beruhigend auf Uwe ein und meinten, dass, wenn nur die Reisefreiheit herbeigeführt werden könnte, alles viel besser werden würde. Und das, so meinten sie mit vorsichtigem Optimismus, würde bestimmt kommen.
Und so träumten die beiden Paare gemeinsam davon, wie es sein könnte, wenn sich die regelmäßigen Besuche nicht mehr nur in einer Richtung durchführen lassen würden. So recht glaubte wohl keiner daran, denn man kannte in der eigenen Lebensspanne nichts anderes als das zweigeteilte Deutschland.
Michael und Beate bewohnten zu dieser Zeit mit ihrem Baby eine Dachwohnung in dem Städtchen Bad Gandersheim. Nach ihrem Besuch in Dresden verfolgten sie die aufregenden Nachrichten aus der Deutschen Demokratischen Republik eifrig am Radio und im Fernsehen. Als am 9. November Günter Schabowski die unfassbaren Stotterworte von seinem Zettel ablas und an den Grenzübergängen die Befehlsketten zusammenbrachen, versuchten sie wie Millionen andere Menschen die Tragweite dessen zu begreifen, was da geschah.
Tatsächlich konnten sie in der Nacht und am folgenden Tag beobachten, wie sich die Menschen aus Richtung Osten aufmachten. An der Grenzübergangsstelle Marienborn, an der Transitstrecke von Berlin, rollte ein Trabi oder Wartburg nach dem anderen in den Westen.

Plötzlich waren die Freunde aus Dresden da.

Da hatten die beiden die Idee, ihren Freunden in Dresden ein Telegramm – Telefon hatten die Dresdner nicht – mit dem lapidarischen Text „Wollt ihr uns nicht übers Wochenende besuchen?" zu schicken. Denk einer an, dass es wirklich wahr werden könnte, die Freunde aus dem Osten so nebenbei und selbstverständlich einladen zu können!
Sie ahnten nicht, was sie damit in Dresden ins Rollen brachten. Die Menschen lebten weit ab von der Grenze und waren von vielen Informationen abgeschnitten. Nicht ohne Grund wurde Dresden augenzwinkernd als das „Tal der Ahnungslosen" bezeichnet. Die Dresdner Freunde waren ratlos. Welche Papiere brauchten sie? Uwe, der sich gleich nach der Arbeit zu den offiziellen Stellen aufmachte, erhielt keine erschöpfende positive Auskunft. Außerdem war der Wartburg nicht fahrtüchtig. Kurzentschlossen baute Uwe ein Rohr aus der Waschmaschine aus

und als Ersatzteil in den Wartburg ein. Gegen 19 Uhr machte sich das Dresdner Paar mit seiner kleinen Tochter auf den Weg und wagte, wie es so viele andere, die Fahrt in den Westen.

Michael und Beate in Bad Gandersheim standen am Samstagmorgen früh auf, denn ausschlafen ließ ihr Baby nicht zu. Michael machte sich fertig, um Brötchen zu holen, während Beate mit dem Söhnchen auf dem Arm in die Küche spazierte, um den Kaffee zu kochen. Zuerst warf sie einen Blick aus dem Fenster, das zum Hof hinausging. In diesem Moment, Michael kam gerade mit den frischen Brötchen in die Küche, als ein roter Wartburg auf den Hof rollte. Man kann sich denken, was das für ein „Ach" und „Das gibt's ja nicht!" und „Ich kann's nicht fassen" gab. Noch nie in ihrem Leben hatten die beiden Paare das Gefühl, wahrhaftig Geschichte zu erleben und zu machen. Keiner konnte glauben, was passierte. Endlich würden Beate und Michael ihren Freunden zeigen, wie sie lebten, wie ihre Umgebung aussah. Sie konnten die jahrelange Gastfreundschaft vergelten. Doch über allem lag eine gewisse Vorsicht: wie würden die Freunde die Unterschiede von Ost und West betrachten? Bei ihren Besuchen in der DDR waren Michael und Beate immer wieder die Gönnerhaftigkeit anderer „Westler" übel aufgestoßen. Würde sich diese Überheblichkeit gegenüber den Besuchern aus dem Osten fortsetzen?

Nun konnten die Freunde mit eigenen Augen sehen, dass die Straßen im Westen ja wirklich besser waren, die Häuser herausgeputzt, das Kaufangebot üppig. Und dann das Begrüßungsgeld! 100 DM waren für Christiane und Uwe ein kleiner Schatz. Sparte man sich den auf, man wusste ja noch nicht, was kommen würde, oder gönnte man sich etwas aus dem Supermarkt, der gegenüber der Wohnung von Michael und Beate mit seinem reichen Angebot lockte?

Letzten Endes siegte der gesunde Menschenverstand. Von dem Begrüßungsgeld investierte die kleine Familie einen Teil in

„Sachen fürs Herz". Fast wichtiger war es, das kleine Städtchen Bad Gandersheim mit seiner großen, romanischen Stiftskirche und seiner schönen Umgebung zu erkunden. Die Freunde staunten und redeten und staunten ... Heute, Jahrzehnte später, sind diese magischen Tage vom November 1989 nach wie vor ein „Weißt du noch ..." wert!

Braunschweiger Löwe bleibt Braunschweiger Löwe

Im Osten der Stadt Braunschweig, angrenzend an die Wohngebiete am östlichen äußeren Ring, aber damals noch vor den Toren der Stadt, gab es einst einen großen Exerzierplatz, den ein nicht sehr beliebter Spross der Welfenlöwen, Herzog Karl II, anlegen ließ. Seine Regentschaft endete nach nicht einmal zehn Jahren, doch der Exerzierplatz blieb immerhin 60 Jahre, bis er 1887 an die Salzdahlumer Straße verlegt wurde.

Der Regentschaft eines Preußenprinzen, Prinz Albrecht, hat es die Stadt zu verdanken, dass an dieser Stelle eine wunderbare grüne Lunge entstand. Der Prinz-Albrecht-Park, im Volksmund „Prinzenpark", mit seinem 3,5 km langen und 9 m breiten asphaltierten Rundweg, seinen hügeligen Wiesen und schattigen Baumbeständen lockt zu jeder Jahreszeit Menschen allen Alters zu Spaziergängen, Picknick, Ballspiel, Rollschuhlaufen und kleinen Fahrradtouren.

Eine besondere Attraktion für Kinder und Jugendliche ist die 1950 auf einem oval angelegten Platz eingerichtete Rollschuhbahn, in deren Mitte sich eine Halfpipe für Skater und Basketballkörbe dazugesellt. Bei jedem Wind und Wetter kann man die Kinder und Jugendlichen beobachten, die auf Rollschuhen, Inlinern, mit

Die Rollschuhbahn im Prinzenpark mit dem Basketballfeld.

Skateboards oder Bällen ihre Geschicklichkeit proben oder ihre Kräfte messen.

Tat man dies in den späten 90er-Jahren und den ersten Jahren des neuen Jahrtausends, so konnte man, ohne es damals natürlich zu ahnen, einen neuen Braunschweiger Löwen erwachen sehen: Dennis Schröder, Sohn eines deutschen Vaters und einer Mutter aus Gambia, versuchte sich mit seinen Freunden an der Halfpipe. Ab und zu lockte die Nachbarschaft der Basketballkörbe. Irgendeiner hatte einen Ball mit, meist war es ein Fußball, der fleißig als solcher genutzt wurde, und dann schob man den Ball fünf gegen fünf in den Korb ein.

Zum Erwachen eines Löwen kann Meister Zufall beitragen. Der trat eines Tages in Gestalt des Braunschweiger Basketball-Nachwuchstrainers Liviu Calin auf den Plan. Er beobachtete die

Jungs beim Spielen an den Körben im Prinzenpark und ihm fiel sofort auf, wie schnell und dynamisch Dennis war. Er überredete den Elfjährigen, sich im Verein anzumelden, trainierte ihn und übte allein mit ihm in der Schulturnhalle. Dennis spielte in der Jugendmannschaft der Phantoms.

Welcher Löwe ist aber gleich ein erwachsener Löwe? Auch Dennis machte seine Fehler, wurde zu stolz und drohte zu straucheln. Aber es gab einen, der weiterhin an ihn glaubte und der festen Überzeugung war, dass Dennis es bis nach ganz oben in die NBA schaffen würde. Er saß bei den Spielen in der Halle saß und fieberte mit. Dennis' Vater, der bereits mit 47 Jahren starb. Sein Sohn versprach ihm auf dem Sterbebett, dass er es schaffen würde. Und so kam es: Dennis wurde erwachsen, lernte Disziplin und hielt sich an die Regeln, ohne etwas von seiner Löwenkraft einzubüßen. Mit 19 Jahren unterschrieb er seinen Vertrag als Spieler des NBA Vereins Atlanta Hawks, mit 23 Jahren rückte er in die starting five der Mannschaft auf.

Dass ein Braunschweiger Löwe ein Braunschweiger Löwe bleibt, zeigt Dennis, der übrigens eine golden eingefärbte (Löwen-?) Strähne in der Stirn trägt, dadurch, dass er regelmäßig in seine Heimatstadt zurückkehrt und einen Teil seines Geldes in einen hohen Gesellschafter-Anteil seines früheren Vereins, der Basketball Löwen Braunschweig, investiert hat.

Weitere Bücher aus der Region

**Weihnachtsgeschichten
aus dem Braunschweiger Land**
Susanne Diestelmann
80 Seiten, zahlreiche schw./w. Fotos
ISBN 978-3-8313-2929-8

**Braunschweiger Land –
Gerichte unserer Kindheit
Rezepte und Geschichten**
Susanne Diestelmann, Klaus Thomas
128 Seiten, zahlreiche Fotos
ISBN 978-3-8313-2981-6

**Dunkle Geschichten
aus Braunschweig –
Schön & Schaurig**
Christopher Schulze
80 Seiten, zahlreiche schw./w. Fotos
ISBN 978-3-8313-2881-9

**100 Dinge über Braunschweig,
die man wissen sollte**
Christopher Schulze
112 Seiten, zahlreiche Fotos
ISBN 978-3-8313-2987-8

Wartberg-Verlag GmbH
Im Wiesental 1 | 34281 Gudensberg
www.wartberg-verlag.de

Bücher für Deutschlands Städte und Regionen
Tel. 0 56 03 - 93 05 0
Fax. 0 56 03 - 93 05 28